KB143728

국제회의기획자와 국제교류담당자를 위한 실무노트

국제회의기획자와 국제교류담당자를 위한 실무노트

초판 1쇄 인쇄일   2018년 8월 14일
초판 1쇄 발행일   2018년 8월 20일

지은이   이나현
펴낸이   최길주

펴낸곳   도서출판 BG북갤러리
등록일자   2003년 11월 5일(제318-2003-000130호)
주소   서울시 영등포구 국회대로72길 6, 405호(여의도동, 아크로폴리스)
전화   02)761-7005(代)
팩스   02)761-7995
홈페이지   http://www.bookgallery.co.kr
E-mail   cgjpower@hanmail.net

ⓒ 이나현, 2018

ISBN 978-89-6495-120-0 03320

이 도서의 국립중앙도서관 출판시도서목록(CIP)은 e-CIP홈페이지(http://www.nl.go.kr/ecip)
와 국가자료공동목록시스템(http://www.nl.go.kr/kolisnet)에서 이용하실 수 있습니다.
(CIP제어번호 : CIP2018024632)

'굴뚝 없는 황금 산업' 마이스(MICE) 현장 스킬

국제회의기획자 와 국제교류담당자 를 위한 실무노트

이나현 지음

BIG 북갤러리

머리말

국제회의산업 현장에서 일하고자 하는
학생들과 MICE 현장에 있는
국제업무 실무자들을 위한 이정표가 되길 바라며…

> * MICE(마이스) : 기업회의(Meeting), 인센티브 관광(Incentive Travel),
> 국제회의(Convention), 전시회(Exhibition), 이벤트(Event)

MICE산업은 국민경제 성장과 더불어 소득과 고용창출에 파급
효과가 큰 고부가가치 산업이다. 1996년 '국제회의산업 육성에
관한 법률'을 제정한 후 정부와 지방자치단체의 지속적인 관심과
지원으로 2010년 G20 서울 정상회의와 2012년 핵안보 정상회의
등의 주요 국제회의를 성공적으로 개최하였다.

'굴뚝 없는 황금 산업'이라고 불리는 국제회의산업은 국제회의
참가자 1인당 평균 소비액이 2천488달러로, 일반관광객의 소비
액인 892달러보다 2.7배 높은 것으로 나타났다. 이 산업은 엄청난
경제적 파급효과뿐만 아니라 관광 및 관련 분야의 모든 업종을
종합화하고 상호간의 시너지 효과를 창출하는 메커니즘을 지닌

매력적인 산업이다.

국제회의산업에서의 핵심인력은 국제회의(컨벤션)기획사이다. 지난 2003년 컨벤션기획사 국가기술자격증제도가 도입되어 사회적으로 컨벤션인력들의 전문성을 인정받는 계기가 되었다. 하지만 정부 및 공공기관에서 개최하는 국제회의 건수가 전체 국제회의 개최 건수의 상당히 많은 부분을 차지하고 있음에도 불구하고 현재 국제회의 전담인력에 대한 관리나 지원이 체계적으로 이루어지지 않고 있는 실정이다.

필자는 국제회의기획이라는 사회적으로 다소 생소한 분야에서 전문가가 되겠다며 열심히 공부하고, 그 누구보다 치열하게 부딪혔다. 돌아보면 웃음이 나는 좌충우돌 시절이었지만 현장 경험들

을 통하여 얻는 교훈과 소중한 인연들이 오늘날 나의 값진 자산
이 되었다.

  이 책은 그동안 필자가 숱한 경험으로 체득된 국제회의기획과
국제교류·협력 분야에서 직접 체험한 경험을 바탕으로 제작한
현장 실무 매뉴얼이다. 아무쪼록 이 책이 국제회의산업 현장에서
일하고자 하는 학생들과 MICE 현장에 있는 실무자들을 위한 이
정표가 되었으면 하는 바람이다.

  이세상의 그 누구도 모든 것을 직접 경험할 수는 없다. 필자가
이 책을 쓴 이유는 먼저 경험한 자로서 소중한 정보를 국제업무
담당자들과 함께 공유하고 싶었기 때문이다.

영원한 나의 지원군인 부모님과 가족들, 진로계획의 등불이 되어준 고마운 분들과 나의 거울이 되어준 소중한 사람들에게 감사하다는 말을 전하고 싶다.

너무 감사하고 사랑합니다.

2018년 6월

이나현

차례

PART 2. 의전편

상대의 마음을 얻기 위해
치밀하게 계획된 예술행위

PART 1

국제회의편

국제회의편

.
.
.
.
.

(MICE 산업의 꽃,
국제회의기획자)

〈 국제회의란 무엇인가? 〉

국내에서 개최되는 국제행사로서 외국인 참가자수 10명 이상인 순수 국제회의를 의미하여, 국제적 이해사항을 토의·결정하기 위하여 대다수의 대표자에 의해 열리는 회의라고 정의한다. '함께 와서 모이고 참석하다'의 의미를 가진 컨벤션 Convention 이라는 용어는 다수의 사람들이 특정한 활동을 하거나 협의하기 위해 한 장소에 모이는 회의 Meeting 와 같은 의미라고 할 수 있다. 컨벤션은 국제회의와 전시회, 세미나 등을 포괄적으로 지칭하는 의미로 사용되며, 역사적·사전적·제도적·법률적·학문적으로 다양하게 정의할 수 있다.

국제회의에 대한 정의는 국내외 기구 및 법률에서 각기 다르게 규정하고 있다. 국제협회연합 UIA, Union of International Associations 의 정의에 의하면 국제회의란 국제기구(NGO 및 IGO)가 주최하거나 후원하는 회의를 말하며 국내 단체 및 국제협회의 국내지부에서 주최하는 국내회의 가운데 정한 조건(전체 참가자수 300명 이상, 참가자 중 국외 참가자 비율 40% 이상, 참가국수 5개국 이상, 회의기간 3일 이상)을 만족하는 회의를 말한다.

국제회의산업 육성에 관한 법률(1996년 제정)에 의하면, 상당수의 외국인이 참가하는 회의(세미나, 토론회, 전시회 등을 포함)로서 대통령이 정하는 종류와 규모에 해당하는 것을 말한다.

국제회의산업 육성에 관한 법률시행령(1997년 4월)에 따르면 첫째, 국제기구 또는 국제기구에 가입한 단체가 회의를 주최할 경우 ① 당해 회의에 5개국 이상의 외국인이 참가할 때 ② 회의참가자가 300명 이상이고 그중 외국인 100명 이상 ③ 3일 이상 진행되는 회의일 것 등이다. 그리고 둘째, 국제기구에 가입하지 아니한 단체가 주최한 회의의 경우 ① 회의참가자 중 150명 이상의 외국인이 참가할 때 ② 2일 이상 진행되는 회의를 말한다.

1) 국제회의의 구성요소

국제회의기획자는 국제적으로 개최되는 컨벤션, 회의 및 행사 등을 주최 측으로부터 위임을 받아 행사를 기획하고 운영하는 업무를 수행한다. 행사 전에는 기획서나 제안서를 통해 조직위원회나 주최 측으로부터 경쟁 입찰을 통하여 계약을 따낸다. 국제회의를 준비하는 기간은 6개월에서 길게는 2~3년 정도가 걸린다. 행사 당일에는 인력(진행요원), 회의장, 만찬장 등의 운영을 총괄하게 되며, 행사 후에는 결과보고 및 평가 등의 업무를 한다. 국제회의기획자는 기업이나 협회, 정부 등에 소속되어 다른 업무를 수행하다가 회의가 계획되면 코디네이터 역할을 하기도 하고, 회의 준비를 위해 준비 사무국에서 계약직으로 업무를 하기도 한다. 또한 국제회의 전문용역업체 PCO에 소속되어 외주계약에 의해 업무를 하기도 한다.

 국제회의를 개최하는 주최자는 중앙정부와 지방자치단체의 주최로 열리는 정부 회의, 공통된 관심사를 가진 회원들이 만나 의견을 교류하고 정보를 교환하는 협회 및 학회 회의, 신상품 개발 및 발표회, 주주 총회 등의 목적으로 시행되는 기업회의 등으로 나누어 볼 수 있다.

 컨벤션뷰로 CVB, Convention and Visitors Bureau는 국제회의 유치에 필요한 컨설팅, 홍보 및 마케팅 등을 전담하여 지원해주는 공공조직이다. 국제회의 유치추진 절차부터 행사장 선정, 유치제안서 작성 등의 회의 개최를 위한 서비스를 제공한다. 그 외에 국제회의를 구성하는 요소들로는 회의의 참석자, 회의 개최시설(컨벤션센터,

호텔, 기타시설)과 통·번역업체 등의 국제회의 관련 서비스 제공
업체들이 있다.

2) 국제회의의 유형

국제회의의 종류는 크게 일반적인 회의, 공개적인 토론회 및 교
육적인 회의로 나뉜다.

일반적인 회의에는 참가자에게 토론의 기회가 주어지며, 새
로운 지식 습득, 특정분야의 연구를 위해 이루어지는 **컨퍼런스**
Conference, 국제적으로 열리는 실무 공식회의를 뜻하며 국가의 대
표가 참여하는 경우가 많은 **콩그레스**Congress가 있다. 콩그레스는
주로 유럽지역에서 많이 사용하는 용어이다.

공개적인 토론회의 성격을 가진 국제회의로는 청중의 참여 기회
가 많으며 제시된 주제에 대해 상반된 견해를 가진 동일 분야의
전문가들이 사회자의 주도하에 토론을 벌이는 **포럼**Forum, 제시된
안건에 대해 전문가들이 다수의 청중에게 벌이는 공개토론회이
자 청중의 참여 기회가 적게 주어지는 **심포지엄**Symposium이 있다.

교육적인 목적을 가지고 진행되는 회의는 참가자 중 1인의 주
도하에 특정분야에 대한 각자의 지식과 경험을 발표 및 토의하는
회의이다. 주로 학술연구에 활용되는 **세미나**Seminar, 소수 인원이

특정 이슈에 대해 지식을 공유하며, 주어진 프로젝트의 수행 및
부서의 운영방안 등을 토의하는 **워크숍** Workshop 등이 있다.

On-Site

스위스 제네바 UN 유럽본부 United Nations Office at Geneva, UNOG

국제기구에서 개최되는 회의는 초청에 의하여 각국의 외교사절
단이 참석하는 대표적인 비공개 회의다. 대표적인 국가 간 기구의
하나인 유엔의 본부 United Nations Headquarters 는 미국 뉴욕시 맨해튼
에 위치해 있으며 UN 총회와 안전보장이사회 등의 주요 회의는
이곳에서 이루어진다. 유엔 제네바 사무국 Palais 은 스위스 제네바
에 위치한 유엔의 사무국이다. 제네바 UN본부라 불리는 이곳의
역사가 더 깊은 것은 1929년부터 1938년까지 UN의 전신인 국제
연맹을 위해 건축된 유럽의 본부이기 때문이다. 레만호와 알프스

산자락으로 둘러싸인 제네바는 '외교의 도시'라 불리며, 세계에서 가장 외교활동이 활발한 도시이자 국제회의가 많이 개최되는 도시이다. 세계무역기구WTO, 국제적십자위원회ICRC, 국제노동기구ILO, 유엔난민기구UNHCR, 국제이주기구IOM 등 22개의 국제기구와 250개 이상의 NGO가 제네바에 위치해 있다.

실무NOTE

에티오피아는 아프리카에서 한국과 가장 가까운 나라이다. 6·25전쟁 당시 황실근위대 출신 전투부대원 6천여 명을 한국에 파병했던 한국의 혈맹국이며, 한국에 대하여 우호적인 태도를 가지고 있다. 만일 이 역사적인 사실을 인지하지 못하였다면 에티오피아 외교사절단과 커피빈 외에 어떤 우호적인 대화를 나눌 수 있을까? 국제기구는 세계 각국의 사람들과의 만남의 장이며, 나의 말과 행동이 대한민국의 이미지를 좌우하는 데 큰 역할을 할 수 있음을 잊어서는 안 된다.

2

〈　국제회의는 어떻게 이루어지는가?　〉

　국제회의는 주최자 및 개최 목적에 따라 정부회의, 협회·학회
회의, 기업회의로 분류한다.

　정부회의 Government Meeting 는 대부분 국제기구 본부와 해당국가의
정부가 주최자가 되고, 참가자는 정부 및 준 정부기관, 학계의 대
표들이 주류를 이룬다. 공식적인 초청으로 진행되는 행사이므로,
참석자에 대한 의전도 중요하다. 회의의 주제는 주로 국제, 정치,
사회 및 경제문제이며, 비공개로 이루어진다. **협회회의** Association
Meeting 는 각종 협회나 학회가 주최를 하며 회원들이 참석한다. 회
원들은 공동의 목표를 가지고 공동의 관심사, 정보교환, 친목도
모와 운영전략 등을 도모한다.

　기업회의 Corporate Meeting 는 기업의 경영진이나 직원들이 참가하는

G20 국회의장회의 프로그램

날짜/시간	5월 18일(수)	5월 19일(목)			배우자 프로그램 (5월 19일)	5월 20일(금)		
08:00-09:00		환영사						
		대표단 소개						
09:00-10:00		세션 I & II @본회의장	*양자회담			세션 V & VI @본회의장	09:00-09:15	일본
			10:45-11:00	아르헨티나				
10:00-11:00			11:05-11:20	호주			09:20-09:35	스페인
11:00-12:00			11:25-11:40	에티오피아	전통자수 체험 @북촌한옥마을		10:30-11:40	(예비)
12:00-13:00		오찬 @사랑재, 국회			오찬 @삼청각	폐막식		
13:00-14:00						환송오찬 @국회도서관		
14:00-15:00		(**기초위원회 2:30 pm) 세션 III & IV @본회의장	14:30-14:45	중국	리움박물관	문화시찰 @국립중앙박물관		
15:00-16:00			14:50-15:05	알제리				
			15:10-15:25	유럽의회				
16:00-17:00			15:40-15:55	러시아	티타임 @국회의장 관저			
			16:00-16:15	인도				
			16:20-16:35	터키				
			16:40-16:50	인도네시아				
17:00-18:00		대표단 사진촬영						
18:00-19:00	환영만찬 @신라호텔	만찬 @청와대						
19:00-20:00								
20:00-21:00								

회의로 기업의 경영전략, 새로운 상품에 대한 정보 수집, 판매 및 홍보활성화 등 회사 경영에 관한 문제를 주제로 한다.

회의시장의 대부분을 점유하는 것이 협회회의와 기업회의다.

1) 회의의 구성과 프로그램

국제정상회의

2011년 5월 국회의사당에서 개최된 국제회의다. G20국가, 비회원초청국(5개국), IPU(국제의회연맹)가 초청되었으며 '공동번영을 위한 개발과 성장'이라는 주제로 이틀간 총 6개의 세션으로 나누어 진행되었다. 고위급 국제회의는 초청에 의해서 이루어지며, 비공개로 진행된다.

회의의 프로그램을 구성할 때는 회의의 성격에 따라 부대행사들이 추가되긴 하지만 회의시간은 일반적으로 오전 9:00부터 17:00 정도까지 진행된다. 그 시간 동안에는 3~4개의 세션이 개최되며 각 세션별로 주제가 다르다. 그리고 발제자의 순서가 모두 지정되어 있다. 회의 세션 동안 주최국과 *양자회담 Bilateral meeting을 신청한 나라들은 사전에 마련된 양자회담실에서 회의를 갖게 된다. 양자회담은 비공식적으로 진행되며 필요에 따라 다자회담 Multilateral meeting이 열리기도 한다.

본회의가 끝나면 주최국의 의장은 회의의 합의사항인 공동선언문(Communique/코뮤니케)을 기자회견을 통해 발표하게 되는데, 이 선언문을 작성하기 위해서 본회의와 동시에 ** **기초위원회** Drafting Committee가 열린다. 이때 각국의 1명 내지 2명의 대표가 들어가서 선언문의 내용을 수정하고 보완하며 진행한다. 토론형식으로 빠르게 진행되기 때문에 통역 서비스는 별도로 진행되지 않아 영어로 의사소통이 가능한 대표가 들어가는 것이 일반적이다. 정부회의에서 발언하는 내용이나 문건들은 주최국과의 사전 조율이 이루어진 내용들이다. 그러나 각 국가의 대표들은 회의가 진행되는 순간순간에도 자국의 이익을 관철시키기 위한 협력수단으로 양자 혹은 다자회담을 진행한다. 대규모 회의에서는 이러한 사항들을 사전에 준비하고 돌발 상황에 대비하는 것이 중요하다.

고위급 회의의 경우 본회의장 출입은 보안상 엄격히 제한되어 있다. 본회의에 참석하는 수장을 제외한 대표단들은 공식회의 전 일정동안 기타 대표단은 본회의장 방청석 Overflow Room에 착석하여 회의를 참관하게 된다.

소규모 비공개 세미나

각국의 정부관계자들이 모여서 비공개로 진행하는 세미나이다. 각국의 정책 및 학술 정보를 교류하기 위한 목적으로 진행되는 국제회의의 한 형태이며, 질문이나 답변을 통해 지식과 경험을 공유하는 상호관계를 지닌다. 소규모로 이루어지는 비공개 정부회의는 세미나, 포럼 등의 형태로 개최된다.

비공개 세미나 프로그램

DAY 1	Arrival at Gimhae Airport → The Westin Chosun Hotel Busan	
DAY 2	9:50-10:00	Meet at the lobby and walk to the NURIMARU
	10:00-10:20	Registration and Coffee Break
	10:20-10:30	Opening Remarks
	10:30-12:00	Session I NURIMARU
	12:00-14:00	Welcome lunch Photo session Walk to the Westin Chosun Hotel
	14:00-15:30	Session II
	15:30-15:45	Coffee Break
	15:45-17:15	Session III
	17:15-17:30	Coffee Break
	17:30-18:45	Session IV
	19:00-19:10	Meet at the lobby and move to the Restaurant
	19:00-20:30	Dinner(Korean Barbeque)
DAY 3	09:30-11:30	Session V
	11:30-12:00	Closing Session
	12:00-13:00	Farewell Lunch (*working lunch)
	14:00-14:30	Meet at the lobby and move for Tour

Note: "Westin Chosun Hotel" appears as a spanning label for Session II through Dinner (DAY 2), and for Session V through Farewell Lunch (DAY 3).

연례행사의 성격을 띠는 소규모 국제회의의 경우 호텔과 회의장의 동선을 최대한 짧게 잡아 이동하는 것이 효율적이다.

*워킹런치 working lunch는 밥을 먹으며 회의를 진행하는 회의의 한 종류로서 대부분 여러 번 만남으로 친목이 있는 사이에서 이루어진다. 식사를 함께하며 회의를 하면 참석자들 간의 소통과 네트워킹이 활발히 이루어질 수 있다는 장점이 있다.

국제기구 주관 공개포럼

ASEAN 회원국을 포함하여 한국과 중국, 일본, 인도의 석학, CEO, 정책입안자, 국내 ASEAN 국가 대사관에서 참석하여 진행된 대규모 포럼이다. 정부부처에서 유치하여 개최한 정부 주도의 국제회의이며, 후원기관으로는 총 20개의 산·학·연 기관들이 참가하였다.

*포스터 세션 Poster Session을 통해 후원기관으로 참여한 기관들은 참석자들과의 네트워킹의 기회를 가질 수 있다. 연구기관이나 학회, 학교 및 기업에서 발표자로 나온 각 기관의 대표들은 국제협력정책이나 진행하는 프로젝트를 설명하며 해외 기관들과의 협력방안을 모색하는 기회로 활용된다. 회의실이 아닌 복도나 회의장 통로에서 진행되는 것이 일반적이기 때문에 회의 참석자들과의 활발한 네트워킹이 이루어질 수 있다는 것이 큰 장점이다. 일

한 · 아세안(ASEAN) 포럼 프로그램

February 05(Monday)	
Time	Schedule
10:00 ~ 18:00	Arrival of Delegates and Invited Speakers to Lotte City Hotel, Daejeon
18:00 ~ 20:00	Welcome Reception and Networking
February 06(Tuesday)	
08:00 ~ 09:00	Registration

Opening Ceremony and Plenary Lecture　　　[Room 301]
Moderators : Dr. Lee(Hanyang University, Korea)
Dr. AHN(Korea Institute, Korea)

09:00 ~ 09:20	Welcoming and Congratulatory Remarks MSIP, National Assembly	
09:20 ~ 10:00	Plenary Lecture IT & Innovation Sharing Wang fujing(UN Science Advisory)	
10:00 ~ 10:20	Photo Session & Coffee/Tea Break	

Session I Science & Technology Innovation Strategy　　　[Room 301]
Moderator : Dr. Masahiko HISU(Tokyo Institute, Japan)

10:20 ~ 10:50	ICT Convergence Nara KIM	Electronics and Telecommunication Research Institute, Korea
10:50 ~ 11:20	ASEAN Plan of Action on S & T Napas Mouhammad	Ministry of Research, Technology and Higher Education, Indonesia
11:20 ~ 11:50	Sustainable future Masahiro KAWA	Japan Science and Technology Agency, Japan
11:50 ~ 13:30	Luncheon & Poster Session　　　[Room 107, 108] Moderator : Dr. KO(Science Institute, Korea)	

***Poster session** begins at 13:00 and ends at 18:00*
Promotion materials of sponsoring institutions will be available
[Poster session location : Main Hall on 3rd floor]

반적으로 A1 크기의 논문 요약 자료나 기관 소개 혹은 기업의 신제품 소개 등 선정된 주제에 맞추어 저자 혹은 담당자가 회원들의 질문에 답변을 하면서 진행된다.

2) 연회 즐기기

연회 banquet는 주최자가 참석자들을 환영하는 의미로서 여러 사람이 모여서 베푸는 잔치를 의미한다. 형식에 따라서는 공식과 비공식으로 구분되기도 하며, 종류에 따라서는 오찬 Luncheon, 만찬 Dinner, 리셉션 Reception, 다과회 Tea Party 등으로 나눈다. 연회의 목적에 따라서는 환영·송별만찬 Welcome·Farewell Dinner으로 불리기도 한다.

연회에 참석하는 것은 국제회의 참석자들에게 본회의만큼이나 중요한 자리이다. 참석자들 간의 네트워크를 쌓을 수 있는 가장 좋은 장소이자 회의 참석 전 파트너들에게 좋은 인상을 각인시켜 줄 수 있는 기회이기 때문이다. 또한 향후 협력방안을 모색하고 협력관계를 돈독히 다지는 기회의 장이기도 하다.

연회 참석 전

연회 초청장의 경우, 연회의 규모와 성격에 따라서 초청장의 내용, 형식, 발송방법 등이 다양하다. 국내에서 진행되는 행사는 공식초청장이 우편으로 발송되지만, 해외에서 공무 중 참석하는 연회는 개최국(현지)에 도착하였을 때 호텔 객실에 배치해 두거나 직접 전달 받게 된다. 국내에서 진행되는 연회의 경우 언어는 대부분 영어로 쓰여 있으나, 재외공관에서 주최할 경우 자국 언어와 주재국 언어가 함께 기입되어 오기도 한다.

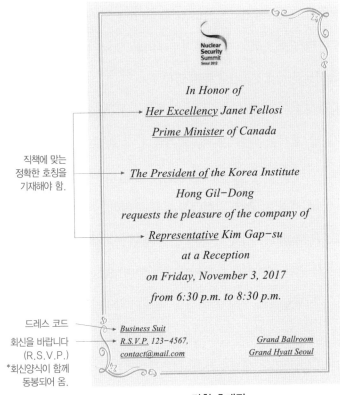

직책에 맞는
정확한 호칭을
기재해야 함.

드레스 코드
회신을 바랍니다
(R.S.V.P.)
*회신양식이 함께
동봉되어 옴.

만찬 초대장

각 나라마다 초청장의 형식은 다양하다. 초청장의 정해진 형식은 없으나, 귀빈에 대한 예의를 표하기 위해 참석자의 이름을 직접 기입하여 주기도 한다. 초청자의 이름만 기입하기도 하며 대표단과 동행하였을 경우 수석대표와 기타 대표단의 이름을 함께 쓰기도 한다.

연회의 초청장에는 항상 그 행사의 드레스코드 Dress Code 가 적혀져 있다. Formal은 왕족국가의 행사 때 볼 수 있는 드레스 차림을 뜻하고, Informal은 Business Suit를 의미한다. 연회의 성격에 따라 드레스코드가 다르며 Lounge Suit, No-Tie, Black-Tie, Business Casual 등이 있다.

R.S.V.P.는 프랑스어 répondez s'il vous plait please reply를 줄인 말로서 '회신을 바랍니다'를 의미한다. 주최 측에서는 연회를 준비하기 위해 참석자들에게 회신을 요청하고, 이에 준하는 행사장의 규모, 식음료 준비, 인력배치 등을 준비하는 데 사용된다.

To Remind는 사전에 연락이 된 상태에서 초청자들에게 상기시키기 위한 리마인더 Reminder 의 의미이며, Regret Only는 연회에 참석하지 않을 사람만 회신을 하라는 의미이다.

4년마다 열리는 **세계수학자대회***가 2014년 서울 삼성동 코엑스에서 개최되었다. 100여 개 국에서 5천명이 참석한 대규모 국제행사였다. 대규모 국제행사의 경우, 공식적인 스케줄 외에도 비공개적으로 진행되는 학술행사나 회의, 연회 등이 있다.

* 세계수학자대회(International Congress of Mathematicians) : 4년에 한 번씩 개최되는 국제행사로서 수학적 업적을 평가하고, 수학분야의 노벨상이라 일컫는 필즈상(Fields Medel)을 수여한다. 세계 수학자들의 축제이며, 캐나다 출신의 수학자(J. C. Felds 1863~1932)에 의해 창시되었다.

Invitation
♦

The Embassy of Canada to Korea

and the Canadian Mathematical Society
have the pleasure to invite you to a reception
to honour the Fields medalists, and the recipients of the Gauss and
Nevanlinna Prizes and the Chern Award.

Thursday, 14th August 2014
19:00 - 21:00
Alleagro Ballroom, Intercontinental Seoul COEX, Seoul

R.S.V.P. *to meetings@cms.math.ca*   *Business Attire*

Canada

Invitation
♦

L'Ambassade du Canada en Corée

et la Société mathématique du Canada
sont heureux de vous inviter à une réception
en l'honneur des médaillés Fields et des lauréats
des prix Gauss, Nevanlinna et Chern.

Le jeudi 14 août 2014
de 19 h à 21 h
Allegro Ballroom, Intercontinental Seoul COEX, Séoul

R.S.V.P. *à meetings@cms.math.ca*   *Tenue de ville*

Canada

2014 세계수학자대회(ICM) 캐나다 대사관 리셉션 초청장

주한 캐나다대사관에서는 세계수학자대회가 개최될 때 필즈상을 포함한 대회의 수상자들을 축하하기 위해 캐나다 대사관 주재의 비공식 리셉션을 주최한다. 비공식 리셉션의 경우 관련분야의 저명인사 및 관련분야의 VIP들을 초청하여 네트워킹 시간을 갖는다. 리셉션은 네트워킹을 위해 개최하는 행사이므로, 지정석이 아닌 스텐딩으로 진행되며 참석자들도 많다. 주한 외국대사관에서 개최하는 행사의 초청장은 모국어, 주재국 언어 또는 모국어, 영어로 쓰인다.

초청장 회신 R.S.V.P.

대사관저와 같이 경호 인력이 배치되는 곳은 사전에 참석자들의 참석 여부를 꼭 확인하며, 의전차량에 대한 정보도 제공해야 한다. 참석 여부에 대한 회신을 하면, 참석자의 이름이 기재된 공식 초청장이 우편으로 발송되며, 이를 소지 후 리셉션에 참석하면 된다.

실무NOTE

리셉션은 다수의 귀빈을 초청하는 것이 일반적이다. 그러나 초대장을 먼저 보내면서 회신을 요청하는 행사의 경우, 대규모의 참석자가 초대되는 행사이며 스텐딩으로 진행되는 네트워킹 디너가 대부분이다. 그러나 사전에 유선이나 이메일로 R.S.V.P.를 요청하는 경우, 소규모 관계자들을 대상으로 진행하는 지정석이 있는 연회일 수도 있으니 참석자의 의전이 필요하다면 주최 측에 사전에 연락하여 확인해 보아야 한다.

Der Botschafter der Bundesrepublik Deutschland Rolf Mafael
und Frau Christina Mafael,
die Oberbürgermeisterin der Landeshauptstadt Dresden Helma Orosz
und der Oberbürgermeister der Stadt Leipzig Burkhard Jung

geben sich die Ehre
anlässlich des Tages der Deutschen Einheit

Mrs. Na-hyun Lee

zu einem Empfang in der Residenz
am Donnerstag, dem 2. Oktober 2014,
von 18:30 bis 21:00 Uhr einzuladen.

롤프 마파엘과 크리스티나 마파엘 주한독일연방공화국 대사 부부,
헬마 오로즈 작센주 주도 드레스덴 시장과
부르크하르트 융 라이프치히 시장은

독일통일의 날을 기념하는 축하리셉션에

Mrs. Na-hyun Lee 님을

부부동반으로 초청합니다.
일시 : 2014 년 10 월 2 일 목요일, 18:30 ~ 21:00
장소 : 주한독일대사관저

The Ambassador of the Federal Republic of Germany Mr. Rolf Mafael
and Mrs. Christina Mafael
the Mayor of Dresden Helma Orosz
and the Mayor of Leipzig Burkhard Jung

request the pleasure of the company of

Mrs. Na-hyun Lee

at a reception at German Ambassador's Residence
on the occasion of the Day of German Unification
on Thursday, October 2, 2014, 6.30 p.m. to 9.00 p.m.

Eine offizielle Einladung wird Ihnen auf Ihre Zusage hin übersandt.
Aus Sicherheitsgründen ist die Teilnahme nur Gästen mit einer offiziellen Einladung
möglich. Diese E-Mail reicht dazu nicht aus.

참석을 통보해 주시면 공식 초청장을 발송해 드립니다.
안전상의 이유로 공식 초청장을 소지한 분만 입장이 가능합니다. 본 이메일만 소지한 경우에
는 입장이 불가합니다.

Your official invitation will be sent to you upon acceptance.
For security reasons no guest will be admitted without appropriate invitation.
This email is not sufficient.

Wir bitten daher um Rückmeldung bis Freitag, 05. September 2014 per Mail oder Fax an
2014 년 9 월 5 일 금요일까지 참석여부를 알려주시기 바랍니다.
You are therefore requested to reply by Friday, 05. September 2014 by mail or fax to

e-mail: tde2014@seou.diplo.de / fax: 02-748 4161

Ich nehme am Empfang teil	리셉션에 참석합니다	I will attend
alleine ( )	본인만 참석 ( )	alone ( )
mit Begleitung ( )	부부동반 ( )	with partner ( )
Ich nehme nicht teil ( )	불참 ( )	I will not attend ( )

Bitte teilen Sie uns Ihre Anschrift mit, an die die Einladung verschickt werden soll
초청장을 받으실 우편주소를 기재해 주십시오
Please fill in your correct address to receive the invitation

Name /방으실 본 성명 / name _____
Institution /소속기관 / institution _____
Adresse /우편주소 / address: _____

Residenz: 330-198, Seongbuk-dong, Seongbuk-gu, Seoul
독일대사관저주소: 서울시 성북구 성북동 330-198

Mit freundlicher Unterstützung von
후원사
Kindly supported by

2014 독일 통일의 날 기념행사, 주한독일대사관 R.S.V.P.

3) 연회장

리시빙 라인 Receiving Line

리셉션을 주최한 주빈이 파티장 입구에 한 줄로 늘어서서 손님들을 맞이하는데, 이를 리시빙 라인Receiving Line 또는 리셉션 라인Reception Line 이라고 한다.

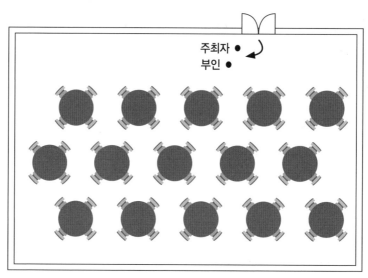

주최자와 주빈의 영접 위치(Receiving Line)

리시빙 라인의 위치는 문밖에서 보아 오른쪽이 영접 위치가 되며, 주최자와 주빈은 초청객을 영접하되, 간단한 인사만 주고받도록 해야 한다. 손님들을 맞이하는 시간은 보통 15분 정도를 유지하며, 이때 주최자나 주빈은 신분과 개최 목적에 맞는 복장을 착용해야 한다.

영접선에 들어서는 초청객들은 영접선 앞에 서 있는 의전관과 안내인에게 자신의 직책과 성명을 분명히 전달하여야 한다.

실무NOTE

리셉션은 주로 호텔의 대형 홀에서 진행되는데 코트류나 휴대품을 보관하는 클로크룸(Clock Room)이 있다. 이곳에 물품을 보관하고 번호표를 받아 연회가 끝난 후 찾으면 된다. 클로크룸이 준비되어 있지 않은 장소에서는 옷걸이가 준비되어 있으므로 그곳에 걸어 두면 된다.

축배 Toast

일반적으로 연회에서는 식사시간 전에 연설을 하고, 이어서 축배를 제의한다. 건배를 할 때는 잔의 목 부분을 잡으며, 엄지와 검지, 중지로 잡는 것이 일반적이다. 술잔을 얼굴 정도 높이까지 들고 건배를 한 후에는 술을 마시지 않더라도 입에 갖다 대어야 한다. 건배 후 잔을 바로 내려놓는 것은 실례다.

호칭 Form of Address 은 상대방을 호명할 경우와 연회에서 사용할 명패를 제작할 경우 등 상황에 따른 호칭이 다르므로 주의하여야 한다(초청장과 서신작성에 사용되는 호칭은 의전편 '영문편지 작성' 참고 – 본문 134페이지).

호칭(호명, 명패제작)

구분(영문표기)	호명할 경우	명패
국가의 원수 (President/ Prime Minister)	Mr./Madame President Prime Minister 대통령의 이름은 절대 부르지 않는다.	The President of, Prime Minister of 국가
대사 (Foreign Ambassador/ Cabinet) 장관(Minister) 국회의장 (Speaker of National Assembly)	Mr./Madame Ambassador Mr. Minister, Mr. Speaker	The Ambassador of 국가
국회의원 (Senator/ Congressman) 주지사/시장 (Governor/Mayor) 차관급인사 (Vice Minister Level Officials)	Representative 성, Governor/Mayor 성	Represen-tative 성

〈 국제회의는 어떻게 기획하고 운영하는가? 〉

국제회의 개최 시 회의연계 프로그램으로서 학술포럼, 전시회, 포스터 세션 등 다양한 형태의 프로그램들이 함께 진행되며 동반자 프로그램, 연회, 문화사찰 등의 사교 행사가 동반되기도 한다.

1) 국제회의 기획하기

국제회의 총괄계획

국제회의기획자는 국제회의나 박람회 등의 행사 기획 및 유치, 준비, 진행 등과 관련된 제반 업무를 조정·운영하면서 회의 운영에 소요되는 예산 등을 관리하는 전문가이다. 예산관리, 장소 섭외와 대관, 각종 계약, 프로그램 구성, 숙박, 통역사 섭외, 진행요원 선발 및 교육 등을 담당해야 한다.

국제회의 업무의 진행단계는 기획 및 준비, 세부 추진 및 최종점검, 회의 개최 및 운영, 회의 종료 후 사후 업무단계로 구분할 수 있다.

'국제회의 총괄기획' 진행단계에 따른 계획표

조직구성	
기획	조직위원회/사무국/분과위원회 구성 분과별 업무 매뉴얼작성
세부	준비사무국 운영/위원회 개최 분과별 세부업무 추진

VIP 관리계획	
기획	예상 참가자 데이터 베이스 관리
	VIP 리스트 확정
세부	VIP 지원사항 협의
	등록자 데이터베이스 관리

인력관리	
기획	업무별 투입인력의 수 조정
	투입인력 시기 조정
	인력 업무분장
세부	필요인력 수 산출
	인력 모집공고/신청서 접수
운영	운영요원 선발/업무 배치
사후	인건비 정산

사후업무
부분별 최종보고 내용취합
참가자 설문결과 분석
행사기록물 제작
결과보고서 작성
총 평가회 일정계획/자료준비
결과보고서 배포
감사패 수여

개최지 선정	
기획	회의목적 확인/과거기록 수집 물리적 요구사항 확인 지역 및 시설형태 선택 행사내역서 및 RFP* 작성 후보시설 검토 및 평가 개최지 선정 *RFP(Request for Proposal)
세부	회의장소 및 숙박업체 선정 시설 협의, 계약서 작성 및 계약

개최계획 수립	
기획	회의 개최계획서 주요 행사 내용 작성 부분별 세부 추진계획서 작성 행사 소요 예산 편성 후원기관/서비스 업체 선정
세부	정부기관 협조요청 관련기관/단체 협조요청 언론 및 매스컴 홍보

행사운영	
세부	유니폼 제작 발주 행사장 장치제작/설비 발주 참가자 설문지 작성 사전등록/숙박 예약 마감 회의장 제반시설/기자재 점검
운영	현장사무국/인터넷라운지 조성 최종 리허설 점검 현장사무국 운영 행사진행 및 관리

❶ **조직구성** : 조직위원회는 국제회의 준비와 운영을 위한 임시조직으로서 회의가 개최된 후에는 해산된다. 행사의 규모에 따라 20명 내외의 위원들이 위촉된다. 정부 주최의 대규모 국제회의는 국제회의 용역업체(PCO)에게 대행하는 경우가 많은데, PCO는 조직위원회가 설계한 기본계획을 바탕으로 세부적이고 실질적인 업무를 수행하게 된다. 조직위원회와 PCO는 정기적인 회의를 통하여 업무 진행에 관한 중요한 사안들에 대하여 협의한다. 이때 PCO는 회의장소 예약, 참석자관리, 회의자료 작성 및 배포 등을 담당하게 된다.

❷ **개최지 선정** : 개최지를 선정하는 데 있어서 가장 중요한 것은 국제회의 개최를 통하여 달성하고자 하는 목적이 무엇인가를 명확하게 하는 것이다. 그런 다음 후보지역 시찰을 통하여 회의 개최를 성공적으로 수행할 수 있는 인프라(지역의 접근성, 회의장 시설, 식음료서비스, 장비 등)가 갖추어졌는지 검토한 후 예산에 적합한 시설을 선정한다.

실무NOTE

MICE는 고부가가치를 창출하는 대표적인 산업이자, 지역경제의 경제적인 효과는 물론이고 국내외의 인지도를 높일 수 있는 기회의 산업이다. 각 지방자치단체들이 MICE산업에 적극적으로 나서는 이유이기도 하다. 국제회의지원사업은 한국관광공사뿐만 아니라 지역컨벤션뷰로(CVB) 개최 선정 도시의 관광(마케팅)공사를 통하여 지원받을 수 있다.

❸ **개최계획 수립** : 회의의 의제와 일자, 시간, 참석자 규모 등을 고려하여 적절한 프로그램을 구성하고 행사의 세부적인 계획들을 작성한다. 담당자를 지정하여 업무분담을 위한 추진일정표를 시간순서에 맞게 작성하여 업무 진행을 준비한다. 정부기관이나 관련단체들에 협조를 요청하여 영접, 수송, 개최 지원, 홍보물 등의 지원사항을 요청한다.

실무NOTE 국제회의지원사업(한국관광공사, Korea Convention Support Program)

한국관광공사에서는 국제회의산업의 집중 육성과 한국의 글로벌 유치 경쟁력 강화를 위하여 국제회의 주최(주관) 단체를 대상으로 국제회의 지원사업을 실시하고 있다. 각국 정상과 장관 등 정부기관의 대표가 참석하는 정상회의, UN, WTO 등 국제기구가 주최하는 국제회의 등 국가적인 파급효과가 큰 행사는 물론 '국제회의산업 육성에 관한 법률'에 의거하여 국제회의에 준하는 회의(외국인 100명 이상, 2일 이상 진행되는 회의)를 지원한다.

(1) 보조금 지원제도 : 보조금 지원규모는 최소 140만 원~1억 원
(참가 규모, 기간, 장소 등에 따라 변동)

업무	과정	지원사항
국제회의 '유치' 지원 (개최지가 확정되지 않은 국제회의를 한국으로 유치하기 위한 제반 활동 전개 시)	유치 계획 수립	• 유치 계획 수립 및 의향서 제출 (유치 대상 회의 발굴, 회의 유치 및 개최 컨설팅)
	유치 준비	• 유치 제안서 제출 및 사전활동 (유치위원회 구성, 유치 제안서 작성 지원)
	유치 진행	• 국제학회/협회 인사 방한 답사 기획 및 진행 • 유치 PT 발표준비 • 해외 현장 유치활동 전개
	유치활동	한국관광공사 31개 해외지사를 활용한 유치홍보 지원

국제회의 '해외홍보' 지원 (한국에서 개최가 확정된 국제회의의 직전차 대회에서 홍보활동 전개 시)	차기 한국대회 참가자 증대를 위한 홍보활동	• 차기 개최지(한국) 홍보부스 운영 • 해외 저명인사 초청 연회(Korea Night) 개최 • 홍보물, 기념품 제작
국제회의 '개최' 지원 (한국에서 국제회의 개최 시) * 지방계획, 친환경 국제회의보조금 가산	참가자 만족도 증대를 위한 활동	• 공식 오·만찬 • 참가자 관광/이색문화체험 활동 경비 지원 • 기념품 제작비, 공연경비 지원 • 관광프로그램(공식프로그램) • 한국관광 홍보체험관 운영 (보조금 외 추가 지원사항)

(2) 대형 국제회의 대상 특별지원(외국인 1천명 이상)

업무	지원사항
국제회의 '개최 지원'	• 인천공항 내 MICE 참가자 전용 컨시어지 데스크 운영 • 인천공항 내 참가자 전용 입국심사대 운영 지원 • 한국문화관광홍보관 운영 • 인천공항 입국장 광고 • 관광프로그램 지원(참가자, 동반자 별도)
국제회의 '유치 지원'	• 유치단계별 맞춤지원 • KTO 공동 현장 유치활동 실시(Korea Night, 한국 홍보부스) • 유치 PT 클리닉

❹ **VIP관리** : PCO는 조직위원회로부터 VIP 명단을 받아서 개인별 정보, 참가일정, 출입국/숙박사항 등의 정보를 확인하고 업데이트한다. 조직위원회는 초청자들의 항공료와 숙박비, 강연료 및 여비지원 여부 등과 지원범위를 결정하며, PCO는 조직위원회와 초청자들 간의 의견조율을 돕는다.

❺ **인력관리** : 업무별로 필요한 인원들을 고려하여 담당자를 지정하고 업무가 일정에 맞게 잘 수행되고 있는지 확인한다. 업무별 혹은 날짜/시간별 적정인원이 다름을 고려하여 인력배치가 원활히 진행될 수 있는 적정인원 산출과 관리가 필요하다. 현장인력을 수급하기 위해 관련분야의 학교나 각종 매체들을 이용하여 모집공고를 내고 면접을 통하여 인력을 선발하고 배치한다.

❻ **행사운영** : 운영요원의 유니폼, 장치/제작물 등의 수량을 결정하고 발주한다. 행사에 필요한 준비물들의 경우 양이 많고 부피가 크기 때문에 행사장 사무국으로 1~2일 전에 미리 배달받는 것이 좋다. 비즈니스라운지를 조성하여 참가자들이 사용할 수 있도록 전화와 팩스, 노트북, 복사기, 프린터 등을 설치하여야 하며, 프로그램은 국·영문이 모두 있어야 한다. 현장사무국은 행사장 전반의 사항들(회의장 구도, 회의장 사용계획서, 인력배치, 비상연락망 등)에 대한 정보를 반드시 파악하고 있어야 한다. 행사장 내에서는 운영요원들끼리 무전기를 사용하여 즉각적인 커뮤니케

이션을 할 수 있어야 한다. 최종 리허설을 통하여 문제점을 확인하고 수정된 내용이 있다면 인력 전원에게 숙지시키며 최종 큐시트 Cue Sheet를 확정한다.

실무NOTE 큐시트(Cue Sheet)

큐시트란 프로그램의 진행사항을 자세하게 적어 놓은 진행표를 의미한다. 행사의 원활한 진행을 위하여 사용되며, 최종 리허설 단계에서 수정사항이 발생했을 경우 이를 즉각 반영하여 사회자와 운영요원이 함께 공유하는 것이 좋다.

큐시트(Cue Sheet)

구분	시나리오 및 Q-Sheet
입장	국제회의에는 동시통역 서비스가 제공되지만 개회 안내와 회의 개회식은 사회자가 한·영 안내를 직접 하기도 한다. (BGM OFF / 화면 : 대기화면 / 진행요원 – 참가자 입장 및 착석 안내) [사회자] 잠시 후 2017 국제 MICE Symposium이 시작됩니다. 참가자 여러분께서는 모두 착석하여 주시기 바랍니다. 그리고 핸드폰 전원은 꺼두시거나 진동으로 해주시기 바랍니다. [사회자] The 2017 International MICE Symposium will start shortly after. We ask all participants to be seated and to turn off their cell phones or switch it to silence mode.
개회	(BGM OFF / 화면 : 대기화면 / 진행요원 – 참가자 입장 및 착석 안내) [사회자] 안녕하십니까? 2017 국제 MICE Symposium 에 참가하여 주신 모든 내빈 여러분께 감사의 말씀 드립니다. 저는 오늘 행사 사회를 맡은 MICE 협회 홍길동입니다. [사회자] Good Afternoon ladies and gentlemen thank you for attending the 2017 International Mice Symposium. I am Hong Gil-dong of MICE Association and I will be your MC for the day. (BGM OFF / 화면 : 동시통역안내 화면) [사회자] 오늘 행사는 한·영 동시통역 서비스가 제공됩니다. 한국어는 1번 채널, 영어는 2번 채널입니다. [사회자] May I inform all of you that this symposium provides Korean-English Simultaneous Translations. Please tune on Channel #1 for Korean, or Channel #2 for English..

구분	시나리오 및 Q-Sheet
개회 선언	주요 참석자들을 소개할 때는 의전에 따른 서열에 맞게 소개를 해야 한다. VIP 참석자들이 회의 시작에 맞추어 오지 않는 경우도 있으므로 리스트에 있는 참석자들이 모두 착석하였는지 꼭 확인 후 호명을 해야 한다. 가끔 리스트에 없는 VIP 참석자들(예-국회의원)이 사전연락 없이 참석하기도 하므로 VIP 참석자를 담당하는 운영요원과 사회자가 사전에 협의하여 돌발 상황이 발생했을 경우 운영요원이 사회자에게 공지해 주어 회의 운영에 차질이 없도록 해야 한다. (개회식 BGM / 화면 : 대기화면) [사회자] 그럼 지금부터 2017 국제 MICE 심포지움을 시작하겠습니다. 　　　　개회식에 앞서 오늘 참석하신 내빈 여러분을 소개하겠습니다. [사회자] 한 분 한 분 소개 시마다 큰 박수 부탁드립니다. (내빈소개 BGM / 화면 : 내빈소개화면) 1. [사회자] 이순신 MICE 협회 회장님이십니다. (이하 생략)

❼ **사후업무** : 각 업무별 최종 보고서를 취합하여 체계적으로 정리한 후 결과보고서를 제작하여 조직위원회 및 관련 기관들에게 보고서를 배포한다. 감사편지 Thank You Letter를 발송할 대상자들을 선정하여 행사가 끝난 후 신속하게 발송한다. 감사편지는 사전에 작성해 놓고 회의가 종료된 후 빠른 시일 내에 발송하는 것이 중요하며, 감사의 의미도 있지만 정기적으로 개최되는 행사의 경우 다음 개최지에 대한 공지 Notice 나 상기 Reminder 의 성격을 지니기도 한다.

정부회의

국제회의의 개최지가 한국으로 확정되면 국제회의준비기획단이 출범을 한다. 준비기획단 산하에는 기획총괄팀, 행사준비팀과 의제대응 TFT가 구성된다. **기획총괄팀**의 주요 업무로는 기본계획 및 시행계획 수립, 준비위원회 및 자문위원회 지원, 부대행사 계획 수립과 홍보계획 수립이다. **행사준비팀**은 대규모 행사의 경우 전문대행업체(PCO)를 통해 업무를 위탁하기도 하는데, 이때 PCO의 업무는 숙박과 수송, 차량, 경호계획 수립, 부대행사 시행, 산업 및 문화투어프로그램 수립/시행, 오·만찬 계획 수립/시행을 담당한다. **의제대응 TF**의 경우는 회의 주요 문서 관련 의제 대응과 선언문 및 회의자료 작성과 배경문서 작성 등을 담당한다.

회의의 성격과 규모에 따라 준비기간이 달라지기도 하지만, 회의 개최 유치 및 승인이 필요할 경우 1년~2년 이상의 준비기간이 소요된다.

국제학술회의

학술회의는 모든 참가자가 한곳에 모여서 진행되는 **전체회의** Plenary Session와 적은 규모의 사람들이 모여서 진행되는 **소집단회의** Breakout Session가 있다. **전체회의**는 모든 참가자가 관심을 가질 수 있는 일반적인 주제의 발표가 이루어지며, 개막식 Opening Ceremony 혹은 폐막식 Closing Ceremony 이 진행된다. 소집단회의는 동일한 시간대에 서로 다른 주제를 다루는 **동시 세션** Parallel Session 형태로 진행되며 발표의 내용과 성격은 전체회의보다는 전문적이며 워크숍, 토의 등의 진행형태로 이루어지기도 한다. 연사 선정 및 초청은 학술회의에서 회의의 목적을 달성하기 위해 매우 중요하다. 연사 선정을 할 때는 회의의 주제와 프로그램에 적합한 연사를 선정해야

2015 세계과학정상회의 개최 계획

단계	주요 일정	년(월)	13'	14'	15'
기획 및 준비	국제회의 유치 의향서 제출	8-9			
	국제본부의 승인	10			
	국제회의 초청계획 승인			9	
	부대행사 추진관련 협의			12	
	국제회의준비위원회 및 준비단 근거규정 제정				1
세부 추진 및 최종 점검	국제회의 의장명의 초청장 작성				1
	국제회의준비기획단 출범				2
	준비위원회 출범				3
	행사 기본계획수립				3
	행사 준비 본격 추진(실무회의 개최)				3
	초청국가국·제기구에 초청장 발송/참석 여부 확인				3-5
	자문위원회 회의 개최				6
	관계부처 및 기관협의를 통해 행사 실행계획 구체화				7
	국제회의 의제 및 운영관련 지속적인 협의				7-9
	국내외 인사 초청명단 확정 및 초청장 발송				8-10
	세부 행사 운영계획 수립 및 점검				8-10
회의 운영	운영인력 교육				9-10
	회의장 운영사무국 설치				9-10
	최종 리허설				10
	국제회의 개최(D-Day)				**D-day**
사후	결과보고서/결산				11-12
	백서발간				11-12

하며 초청 시 제공되는 지원범위에 대해서도 적절한 협의가 필요하다.

❶ **학술운영기본계획 수립** : 회의의 주제는 일반적인 트렌드와 회원국의 관심분야 등을 고려하여 결정하며 회의의 성격이나 규모에 따라 주최국이 회의의 주제를 제안하고 이를 국제기구의 이사회에서 확정하기도 한다. 논문 초록Abstract은 6개월 전, 최종본 Final paper은 1개월 전 쯤 접수를 마감하나, 회의의 성격과 규모에 따라 모집할 논문의 수와 마감기간을 조정할 수 있다. 연사가 많을 경우 분과회의를 동시세션Parallel Session으로 개최하는 것이 일반적이다.

국제학술회의 기획 계획표

학술운영 기본계획 수립		
기획	회의 주제 선정	
	세션별 소주제 선정	전체/분과회의 시간과 장소계획
	모집 논문의 수 결정	포스터세션 시간과 장소 계획

∨

초청자 관리		
세부	초청연사 선정	발표 원고 접수
	초청장 발송	세션별 좌장 선정
	초청일정 및 조건협의	좌장 요청메일 발송(조건협의)
	발표주제 협의	세션별 발표자료 및 발표자 CV 수집

∨

발표자료 관리		
세부	Call for Papers 제작 및 발송	초록/논문 접수 및 심사
	초록/논문 접수 프로그램 구축	논문모음집(Proceedings) 제작

∨

연사관리		
세부	발표 스케줄 공지 및 조율	발표자 가이드라인 발송
	최종 프로그램 확정	(개별스케줄, 기자재요청 신청서 및 기타 요청사항)

∨

현장운영 준비 및 관리	
세부	회의장 확인 및 계약서 작성
	각 회의실/포스터세션 장소 배치
	회의장 내부 배치 결정
	제작물/기자재 파악 및 계약
운영	제작물/기자재 설치
	운영요원 교육 및 배치
	회의/분과회의/포스터세션 운영

∨

사후보고
일일보고/최종보고

❷ **초청자관리** : 초청장(연사, 좌장)에게 초청장을 발송하여 수락 의향이 있는지 여부를 파악한 후 세부적인 조건에 대하여 협의한다. 이메일 본문에는 초청하는 연사에 대한 초청 조건과 자세한 사항들을 공지하고 초청장과 함께 보내는 R.S.V.P.를 통하여 의견을 수렴하기도 한다. 혹은 이메일로 초청 조건 등을 모두 조율하고 초청 수락을 확정지은 후 공식 초청장(이름을 기재하여)을 보내기도 한다.

CECHSS

Chinese Evaluation Center for
Humanities and Social Sciences

Chinese Academy of Social Sciences
24th, September, 2017

The Second National Summit on Humanities and
Social Sciences Evaluation
10th, November, 2017, Beijing, China
Invitation Letter

On 10th, November 2017, the Chinese Evaluation Center for Humanities and Social Sciences of Chinese Academy of Social Sciences will convene **the second National Summit on Humanities and Social Sciences Evaluation,** in which our **Global Think Tank Evaluation Report** will be released and think tank issues will be discussed. We sincerely invite you to attend this conference.

Please kindly confirm and send the attendance confirmation form below to china@cass.org.cn and conference2017@163.com before **20th, October, 2017.**

Time : 9:00 a.m. – 11:30 a.m., Tuesday, 10th, November, 2017.
Address : Boyuan Hotel, 27 Wangfujing Dajie, Beijing.(tbd.)
Contact : Mr. Tao Songlin, conference2017@163.com/ 0086-10-8519-5174

Please Note :
(1) We'll provide working lunch after the conference for all participants.
(2) We'd glad to arrange accommodation for nonlocal participants and assume the expense of the night before the conference.

중국사회과학원의 초청장

❸ **발표자료관리** : 발표자들에게 모집규정, 일정 등을 설명하는 자료와 논문공모 Call for Papers 신청양식을 작성한 후 공지한다(홈페이지 및 이메일 발송). 초록과 논문 접수는 온라인상에 구축하여 관리하는 것이 효율적이다. 발표자들에게 사전에 이메일을 통하여 1~2번의 재공지 Reminder를 하여 마감기간을 넘기지 않도록 해야 한다.

❹ **연사관리** : 최종프로그램을 확정하여 발표자들에게 공지한다. 발표자들에게 안내문을 발송하여 세션 구성과 회의시간 등 프로그램에 대하여 사전에 준비할 수 있도록 하고, 기자재 사용 등에 대한 기타 요구를 미리 파악하여 둔다.

❺ **현장운영 준비 및 관리** : 회의장 사전답사를 하여 동선과 회의장배치도 Floor Plan 등 회의진행에 필요한 사항 등을 최종점검한다. 회의장에서 사용할 제작물(배너, 포스터 등) 종류를 결정하여 발주한다. 회의 당일에는 제작물을 설치하고 각 회의장별 필요한 기자재나 가구 등을 배치한다. 사전에 교육을 받은 운영요원들을 각 자리에 배치하여 회의 진행에 차질이 없도록 한다. 전체회의와 분과별 회의가 시간에 맞게 잘 진행되고 있는지 체크해야 하며 돌발 상황에 유연하게 대처할 수 있도록 사무국과의 비상연락체계를 잘 갖추어 놓아야 한다.

❻ **사후 보고** : 운영요원은 진행현황 및 변동사항 등을 사무국에 보고해야 한다. 행사 종료 후에는 모든 사항을 결과보고서로 정

리하여 최종보고를 해야 하며, 관련 DB는 보관한다.

공동(외국기관) 국제회의

국가의 정부부처, 공공기관, 해외기관, 주한외국대사관 관계자 등이 조직위원회를 구성하여 기획단계부터 공동으로 진행된다. 각 기관의 담당자들과 전문용역업체(PCO)가 함께 회의에 참석하여 프로그램을 기획한다. 소규모 국제학술행사(500명 내외)의 경우 준비기간은 8개월 정도 소요되기도 하며, 해외기관과의 공동행사 준비회의 Organizing Committee Meeting 는 별도의 통역 없이 영어로 진행된다.

Co-convened an International Conference With Foreign Organizations

M	Joint Korea-Mexico Conference (Oct. 2nd)					
	To do list	Week				
		1	2	3	4	5
7	Modify Concept Paper for each Session					
	Gathering Operation staff(1st)					
	Poster, Invitation letter and E-invitation Organizing Committee Meeting @Embassy					
	Prepare for official letter for speakers Confirm the poster, official name of conference, Domain of website					
	Check the Keynote Speakers & Panelist 2nd Budget Plan					

M	Joint Korea-Mexico Conference (Oct. 2nd)					
	To do list	Week				
		1	2	3	4	5
8	Design all Materials Contact Keynote Speakers & Panelist Confirm/send official letter for speakers/ Venue Check	■				
	Website for conference Start with Background & Greetings Finish the concept paper Sending concept paper to organizer for proof reading Preparing Invitation for VIP & speakers		■			
	Opening Website Registration via Website Confirmation of conference venue Finish the Background & Greetings for Proceedings Modifying the poster Gathering VIP-List of each Organizer (by PCO)			■		
	Sending Invitation for VIPs via E-Mail & Card Gathering CVs of Speakers & ppt file (to PCO) Confirm the poster and release				■	
9	Reservation of flight ticket and Hotel for Main speakers RSVP- Check (2nd) Gathering CVs of Speakers & ppt file (to PCO) Contact Photographer (to PCO) Gathering Operation staff(2nd) Preparing Proceedings		■			
	Sending Banquet Invitation (enclosed R.S.V.P.) for guests Preparing a press release, (writing the text) Final Fix Moderator, Keynote Speaker, Panelist Proof reading of all texts (by Organizer)			■		
	R.S.V.P.- Check (3nd) Announce in a press release Collecting ppt file Venue Check				■	

M	Joint Korea–Mexico Conference (Oct. 2nd)					
	To do list	Week				
		1	2	3	4	5
9	Operation staff Training Task–List, Contact–List of Organizer Sending Invitations as Reminder via E–Mail Confirm the Proceedings Check the number of pre–registered participants Print out the all design materials (to PCO)					
10	Rehearsal/ Conference (D–Day) Pay off/ Wrap–up/ Report					

외국기관과의 공동 주관 국제회의 To do list(국문 설명)

* 국제회의에서는 회의준비 및 운영관련 용어들을 영문 그대로 사용하는 경우가 많으므로 용어를 확실히 이해하는 것이 업무를 수행하는 데 효율적이다.

월별 업무추진 내용
7월

• 세션별 개념문서(Concept Paper) 작성 및 수정

공동주관의 학술회의의 경우 각 기관에서 한 개 혹은 공동으로 세션을 담당하게 되며, 담당하는 세션의 주제와 내용, 발표자 등을 선정하게 된다.

> * 개념문서(Concept Paper) : 회의에서 다루고자 하는 주제와 내용을 설명하는 문서

• 제1차 운영요원 모집

회의 운영단계에서 필요한 운영요원 혹은 자원봉사자를 모집한다.
주최기관이 직접 모집하는 경우도 있지만 주로 국제회의대행업체(PCO)에서 요원들을 선발하여 교육까지 담당하는 경우가 많다.

• 회의 포스터, 초청장과 모바일 초청장

(운영위원회 회의) 홍보용 포스터, 회의 초청장 등의 홍보물 제작 여부를 결정한다. 공동으로 주관하는 기관의 담당자들이 참석하여 각 기관의 목적과 협력사항들을 조율한다.

• 연사에게 발송할 공식레터 준비 • 포스터 시안, 회의의 공식이름
• 웹사이트 구축 여부 등 결정

공동으로 회의를 주최할 경우 회의의 이름, 주제 기관로고 배치 순서 등을 주관기관들과의 의견을 조율하여 결정한다. 연사자료관리, 참석자등록, 기타 자료관리 등을 효율적으로 운영하기 위해서는 공식 홈페이지를 구축하여 운영한다.

· 회의 개최 예산 조율 · 기조연설자와 패널리스트 리스트 작성

국제회의에서 기조연설자는 그 분야의 저명한 인사를 섭외한다. 주로 주최기관의 고위급관료들이 연설을 맡게 된다. 공동 주최/주관 행사의 경우 직접적인 지원(현금지원)이나 간접적인 지원(인쇄비, 연회행사비 등)을 하게 되며 주최/주관 기관 외의 스폰서 기관을 선정하여 회의 개최 비용을 지원받기도 한다.

8월

· 인쇄물 디자인 시안 · 연사, 패널 연락 · 연사 공식 초청장 확정 및 발송

회의에 사용될 홍보물의 시안을 받고 결정하는 단계이며, 공동주관 기관들의 의견을 수렴하여 최종으로 확정한다. 연사들에게 공식 초청장을 발송하며, 비자가 필요한 국가의 해외연사들에게는 비자수속 기간을 고려하여 발송한다.

· 회의장 시찰

회의장을 선정할 때는 접근성, 대여료, 내부시설 등을 고려하여야 하며, 해외연사가 많은 경우에는 숙박도 연계가 되는 호텔이 편리하다.

· 공식 홈페이지 개설 확정 · 회의 배경문서와 인사말 작성 착수
· 컨셉페이퍼 작성 & 검수 · VIP와 연사용 초청장 준비

공식 홈페이지를 개설할 경우 공동주관기관들의 의견을 수렴하여 최종적으로 주최기관이 결정한다. 회의 배경 및 인사말 작성을 시작하고 컨셉페이퍼 작성을 끝낸 후 검수를 완료한다. 회의배경 및 인사문서는 회의책자 마감기간을 맞추어 작성을 해도 되지만, 컨셉페이퍼의 경우 연사들이 이를 바탕으로 발표 자료를 준비하게 되므로 빠른 시일 안에 작성하여 연사들에게 발송하도록 한다.

· 공식 홈페이지 오픈 및 사전등록 시작 · 회의장소 확정
· 배경문서와 인사말 작성 후 검수의뢰 · 포스터 시안 최종 수정
· 각 기관으로부터 회의참석 VIP 리스트 확보

각 기관에서 구축된 DB로 회의 초청장을 발송하면 구축된 홈페이지를 통하여 사전등록이 시작된다. VIP 리스트는 PCO가 취합하여 관리하게 되는데, 이는 PCO가 회의 운영단계에서 필요한 명찰, 명패 등의 제작 및 의전을 담당하기 때문이다. 공식 홈페이지가 오픈되기 전에 회의 개최에 필요한 문서들, 장소, 교통편(셔틀버스 운영), 숙박, 연사리스트 등이 확정되어야 한다. 공개된 회의의 경우 주요 참석자들에게 홍보가 잘 되어야 모객에 좋은 성과를 얻어낼 수 있다.

· VIP 이메일/우편 초청장 발송 · 연사 CV/발표자료 수집
· 포스터 확정 및 기관 배포

연사관련 자료와 발표자료 수집도 PCO에서 최종적으로 취합한다. PCO에서는 책자, 배포물 등을 담당하며 연사가 발표할 자료를 취합하여 회의운영 시 발표진행을 지원하게 된다. 회의 준비 및 운영에는 다양한 영역의 업무가 동시다발적으로 진행되어야 하기 때문에 조직력을 갖춘 PCO에게 위임을 할 경우 여러 가지 업무를 효율적으로 해결할 수 있다는 장점이 있다.

9월

- 연사 항공 및 숙박예약 R.S.V.P. 받기 • 사진작가 섭외
- 제2차 운영요원 모집 • 프로시딩 제작 준비

연사들에게 R.S.V.P.를 보낸 후 숙박업체에 룸블로킹을 해놓아야 한다. 회의 프로시딩에 들어갈 문서들의 번역작업을 모두 마친 후 발표자 CV 등을 모두 취합하여 프로시딩을 만들 준비 작업에 들어간다. 회의 한 달 전에는 초청연사, 회의운영 계획, 참석자 수송계획 등의 운영 계획을 바탕으로 이에 맞추어 운영에 필요한 운영요원들을 선발한다.

* 프로시딩(Proceedings) : 학술회의에서 발표 목적으로 만든 논문 모음집
* 블로킹(Blocking) : 단체손님의 요청에 의해 편의상 특정 층이나 객실의 수에 대해서 다른 고객들을 받지 않고 묶어 판매하는 형태의 객실예약

- 연회 참석자 R.S.V.P/초청장 발송 • 회의관련 모든 문서 검수 의뢰
- 사회자, 기조연설자, 연사 및 패널 확정 • 보도자료 준비

회의 전체 일정 중 (비)공개 연회가 열린다. 네크워킹 디너 형식으로 참석자 전원이 모이는 연회도 있지만, 초청된 사람들만을 대상으로 열리는 비공개 연회에는 초청장이 발송된다. 보도자료는 사전과 사후로 나뉘며, 회의가 2~3일 열리는 경우 회의일정 중간에 배포되기도 한다. 보도 시기와는 상관없이 보도자료는 사전에 작성해 두어 필요에 따라 사진과 함께 배포된다.

- 연회/회의 주요 참석자 참석 여부 체크 • 보도자료 배포
- 발표자료 수집 • 2차 현장답사

연사들의 발표자료 수집이 어려운 경우나, 저작권의 문제가 생길 우려가 있을 경우 회의논문집 (Proceedings)을 제작하지 않고 초록집(Book of Abstracts)으로 대체하기도 한다. 회의 개최 임박 전 현장답사 시에는 배치도(Floor plan), 식음료 참가인원보장(Guarantee) 체크 등을 해야 한다.

- 운영요원 교육 • 협력기관들 업무분장 및 비상연락망 작성
- 초청장 재발송(리마인더) • 프로시딩 확정
- 사전등록자 현황 체크 • 현장 배포자료 인쇄

회의준비 최종계획에 맞추어 인력배치 계획과 교육을 완료해야 한다. 관련업체와 기관들의 비상연락망을 제작해 두어 회의 운영 중 문제가 발생했을 시에 즉각적으로 응답할 수 있는 연결망을 구축해 놓아야 한다. 사전등록현황을 체크하여 예상인원보다 적으면 다른 채널로의 홍보방안을 생각해 보아야 하며, 인원이 많을 경우 조기마감을 하여 회의참석인원을 회의의 규모에 맞게 조정해야 한다.

10월

- 현장 점검 및 리허설
- 회의 개최 • 정산/보고

회의 운영요원들은 회의장 동선을 파악하고, 회의 개최 전 모든 리허설을 마친다. 업무분장표(function sheet/task-list)를 숙지하여 자신의 업무에 차질이 없도록 한다. 회의 후에는 정산작업, 결과보고서 작성 및 감사편지 발송 등의 후속업무를 하게 된다.

국제회의 최종점검 D-1

성공적인 국제회의 개최의 필수조건은 치밀한 기획이다. 사전 기획단계에서 준비할 사항들이 많으므로 꼼꼼하게 챙기는 것이 중요하다. 완벽히 준비했다 하더라도 회의를 준비하고 운영하는 데 있어 예상치 못한 사건들이 발생할 수 있으므로 위기관리 능력도 필요하다.

회의준비 단계에서 필요한 또 한 가지는 인내심이다. 많은 이해관계자들과 협력을 해야 하므로 의견을 모아 하나의 목소리를 내는 것이 결코 쉽지 않기 때문이다. 이때 업무를 효율적으로 하기 위해서는 소통채널을 단일화하고 담당자들의 역할분담을 확실히 하는 것이 좋다. 이러한 과정을 원활하게 수행해 나가기 위해서는 외국어 능력과 커뮤니케이션 능력이 중요하다. 유관기관, 외국 이해관계자들과 다수의 협력업체들과 협력하고 업무를 조율하기 위해서는 협동심, 조직력, 추진력과 열정은 필수다. 특히 국제회의와 같이 많은 인력이 동원되는 큰 행사는 팀워크가 성공적인 회의 개최의 핵심이라 말 할 수 있을 것이다.

회의가 개최되기 전 최종점검이 필요하다. 업무별(분과, 회의장, 의전, 홍보 등)로 세부내용을 체크해 보아야 하며, 이때 회의운영에 관한 시나리오와 시뮬레이션을 머릿속에 그리며 체크하는 것이 필요하다. 장비의 사용이나 공연 등이 기획되어 있다면 리허설을 통하여 운영에 실수가 없도록 확인하고, 의전담당과 운영요원들은 VIP와 참석자들의 동선을 잘 파악해 놓아야 한다.

국제회의 주요 업무별 체크사항

업무구분		세부내용
기획	주최/주관기관 (운영위원회)	• (공동)주관 등 협력기관 섭외 • 회의 개최 계획서/세부 추진계획서/예산편성 작성 • 프로그램/의제 및 부대행사 기획 • 참가자 범위 조율 및 홍보범위(협력기관 등) • 회의장소, 숙박 및 기타 업체 선정 • 초청인사 섭외 및 의전기획 • 사무국 구성 및 스태프 배치 • 분과별 업무분장표 작성 • 행사 세부계획 수립
운영	사무국	• 사전등록자 DB 관리 • 통역사 섭외 및 발표자료 전달 • 해외연사 비자발송 업무 • 연사들 숙박 및 오·만찬 참석 여부 확인 • 해외연사 공항 영접 및 영송
	회의장	• 등록관리(사전등록, 등록절차) • 기자재 장비관리 • 회의장 다과업체 계약 및 조율
	오찬장	• 기자재 장비관리 • 식·음료 준비 • 좌석배치 설계
	만찬장	• 기자재 장비관리 • 식·음료 준비 • 좌석배치 설계 • 공연팀 확인 및 리허설
	호텔	• 운영요원 배치 • Welcome Message/fruit 확인

업무구분			세부내용
의전	경찰(필요 시)		• 회의장 및 각종 행사장 사전점검 • 회의 당일 교통통제 조율
	운영요원		• 역할분담 사전 교육 및 리허설
홍보	홍보물		• Information Kit 등 회의 소요물품 제작 및 점검
	사전	오프라인	• 포스터, 초대장 제작 및 발송 • 유관기관 협조요청(공문발송) • 보도자료 작성 및 배포
		온라인	• 홈페이지 오픈 및 사전등록 시작 • 유관기관 홈페이지 홍보
	회의장		• 언론 및 매스컴 인터뷰 기획

 실무NOTE

회의 개최 날짜 1~2일 전에 초청자들이 한국에 도착한다. 외국 참가자들이 공항에 도착하면서부터 호텔 객실이나 회의장으로 이동하는 순간에 보고 느끼는 사소한 것들에 의해서 한국에 대한 이미지가 결정된다. 장시간의 비행시간으로 지친 연사들을 위하여 호텔 객실에 환영메시지(Welcome Message)와 환영과일(Welcome Fruit)을 배치해 놓는 것도 좋은 방법이다.

2) 국제회의 운영하기

담당자들은 성공적인 회의 운영을 위하여 본인의 업무에 대한 완벽한 이해와 숙지 그리고 사전 교육 및 시뮬레이션을 통하여 머릿속에 회의 운영의 큰 그림을 넣어놓는 것이 가장 중요하다. 한 사람 한 사람의 업무가 보이지 않는 연결고리가 되어 서로 얽혀있기 때문에, 누군가의 실수가 회의 운영 전반에 치명적인 영향을 미칠 수 있기 때문이다.

회의장

▶▶ 업무분장표 Function Sheet

국제학술행사는 진행 성격에 따라 2~3일에 걸쳐서 진행되는 학술회의와 All-Day 행사, 반나절 행사, All-Day 중 오후에는 병렬 Parallel로 4~7개가 진행되는 학술회의 등 종류가 다양하다. 하단의 회의장 운영스케줄은 일반적으로 많이 진행되는 반나절(오후) 학술행사의 업무분장표 Function Sheet이다.

실무NOTE

운영요원의 업무분장을 할 때는 담당자에 'OO팀'이 아닌 '홍길동' 또는 요원 1, 2로 지정하여 각자 업무에 책임감을 가지고 수행하도록 해야 한다.

회의장 업무분장표

세션	장소	내용
		회의 시작 전
실무팀	–	행사물품(문구류, X배너대 3개, 사전등록자 명단, 현장등록자 기입할 명단, 명함볼, 홍보물품, 노트북 3대, 녹음기, 포인터, 생수, 종이컵, 펜, 파일철, 메모장, 명찰, 명패, 결재판)
준비점검	회의장	무선인터넷 및 유선인터넷 설치, 주차권 구매
		전체 좌석 배치, VIP좌석(물, 발표자료집(노트/펜), 기관리플렛, 명패), 조명, 마이크(유선/무선) 확인, PRESS/EMBASSIES/RE-SERVED 확인, 연단 배치
	회의장 주변	현수막(세로 2 중앙 통현수막), 연단용 현수막, X배너(8개) 설치
	VIP룸	VIP룸 명패 배치, 등록부 배치, 다과케이터링 연락, 준비상황 점검
	등록데스크	사전등록자 명찰 세팅(ABC순), 사전등록명단, 홍보물품, 자료집, 사전/현장등록 명패 설치
	오찬	[해외연사 의전] 해외연사 VIP장 안내 (오찬장 ⋯ 211호)
등록	회의장	자리 착석 및 회의 준비
	등록데스크	(사전등록) 명단 확인 및 명찰 배부, 방명록 작성
		(현장등록) 현장명찰 배부, 방명록, 명함, 주차권
VIP 의전	회의장 앞	VIP룸 안내 및 VIP룸 내 자리 안내, 명찰 배부
	VIP 룸	VIP 네트워킹 지원
안내	회의장	VIP 회의장 내 자리안내
		세션 1
개회식	회의장	–
사진		연단 사이드로 이동 후 사진촬영
발표		회의록 작성, PPT 담당, Time Keeper
		Coffee Break
		토론장(테이블, 명패, 물, 종이컵, 리시버, 펜, 파일, 종이)
		세션 2
패널 토론	회의장	회의록 작성
	등록데스크	정리 시작
Q&A	회의장	Q&A 마이크 준비
	등록데스크	정리 마무리
		회의 종료 후
	만찬장	만찬 장소 안내 및 이동
	회의장	짐정리(퀵서비스)

외국 참가자들이 참석하는 국제회의의 경우 **통역사관리**가 회의의 질을 좌우한다. 연사들로부터 회의와 관련된 자료들을 사전에 받아 통역사들에게 전달해 주고, 통역사들이 충분히 준비할 수 있도록 해야 한다. 회의 시작 전 통역사들과 미팅을 통하여 변경사항이 있다면 반드시 알려주어야 하며, 회의 시작 시 꼭 소개해야 할 외빈들이 있다면 통역사들에게도 전달해 주어 통역을 진행하는 데 있어서 차질이 없도록 해야 한다.

시간관리도 회의운영에 중요한 요인이다. 학술회의 발표의 경우 강연자들의 발표가 예상된 시간보다 지체되는 경우를 대비하여 시간관리자 Time Keeper를 배치해 두어야 한다. 계획된 대로 발표시간 조율이 안 된 경우 커피 브레이크나 포토타임 등의 시간을 조율하여 회의 전체 시간이 지체되지 않도록 수시로 체크하여 조정하여야 한다.

회의장 배치도

회의장 전체 배치도는 회의장에 필요한 기자재와 가구의 설치를 위하여 필요하다. 회의에 필요한 장비들의 정확한 위치와 크기 등을 구체적으로 나타내는 도면 Floor Plan과 작업지시서를 작성하여 장비업자에게 주문을 하여야 한다. 운영요원들도 회의장 레이아웃 Layout을 숙지하여 참가자 안내 시 혹은 의전을 할 때 동선이 꼬이지 않도록 해

회의장 배치도(Floor Plan/Layout)

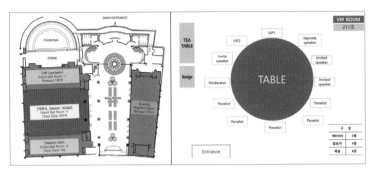

회의장 전체 Layout

VIP룸 배치도

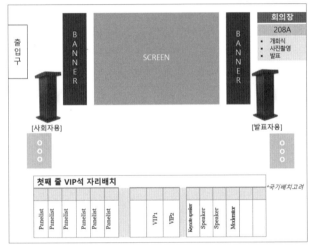

전체회의/분과회의장
(Plenary Session/Parallel Session)

야 한다. **VIP룸 배치도**의 경우 참석자 전원이 각각 다른 시간에 입장을 하게 되므로 안내요원이 회의실 내에서 지원을 해주며, 필요에 따라서는 입장하는 참석자를 간단하게 소개해 주는 것도 좋은 방법이다. **전체회의와 분과회의장 배치**도 마찬가지로 회의 진행에 필요한 기자재 설치 및 의전을 위하여 사전에 결정해 놓아야 한다.

연회장

참석자들을 안내할 경우, 우왕좌왕 하는 모습을 보여서는 안 된다. 사전에 배치도를 숙지하여 동선을 파악한 후 최대한 짧

연회준비 체크리스트

번호	항목
1	Head table 세팅(커틀러리), 클로크룸 여부 * 클로크룸(Clock Room) : 코트류등을 보관하는 곳
2	드레스코드, 메뉴, 주류(건배제의, 디저트), 에프터 드링크, 아이스카빙, 꽃, 리시빙 라인 * 참석자의 음식기호, 음주 여부 사전 확인 필수
3	메뉴표 인쇄(오탈자 및 수량) * 회의 개요, 목적, 메뉴(주류)명 확인
4	초청장 발송, 참석 여부 확인, 비상연락망 * 주요 참석자 연락망
5	좌석배치도, 배열확인, 안내배너(x배너/현수막) * 좌석배치는 주최 측 컨펌
6	좌석명패, 명찰/badge, 연설문/연단
7	배경음악(연주자 및 음악 mp3/CD), 조명, 음향 확인(음향, 무선마이크 준비)
8	진행 시나리오 * VIP 리스트, 건배제의 등 사전숙지(운영요원)
9	의전(통역관, 의전용 엘리베이터, 의전차량 준비), 언론사(사진/인터뷰), 통역관 * 인터뷰를 위한 VIP룸 확보
10	운영요원 사전교육 및 배치

은 동선으로 참석자를 안내 하는 것이 바람직하다. 또한 사전에 R.S.V.P를 활용하여 참석자들의 기호식품, 음주 여부, 알레르기, 기피 음식을 파악해야 한다.

좌석배치도

원탁형은 연회장에서 가장 많이 사용되는 형태이다. 식사나 VIP 티타임을 할 때 주로 원탁형을 많이 사용하며, 의전 서열은 주인 Host를 기준으로 오른쪽, 왼쪽으로 배치한다. 즉, 바라보는 위치를 적용하지 않고 나란히 앉은 자리로 적용한다.

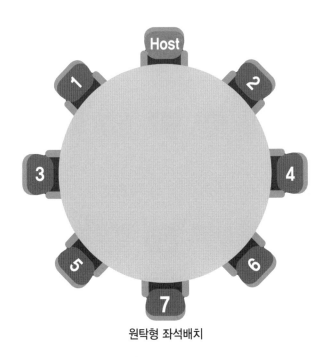

원탁형 좌석배치

좌석배치는 배우자의 동행 여부에 따라서 변경되기도 한다. 배우자가 동행하지 않을 경우 주최자 Host 와 주빈 Guest of Houour 이 마주보고 앉는다. 부부동반 연회의 경우 주최자가 마주보고 앉으며 주최자 좌우로 배석한다.

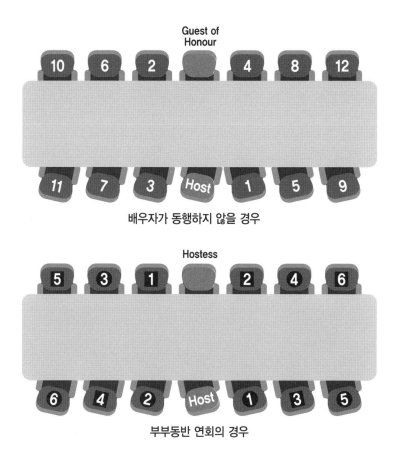

배우자가 동행하지 않을 경우

부부동반 연회의 경우

수송기획

　참석자(연사)관리는 국제회의 개최 준비단계부터 사후과정까지 지속적인 조율과 관심이 필요하다. 특히 연사들은 CV, 초록, 발표자료, 항공권, 숙박 및 비자 등 수집해야 할 자료들과 체크해야

참석자 수송기획 계획표

	수송운영 기본계획 수립
기획	국제/국내선 수송 계획
	공항~회의장 수송 계획
	회의장~호텔/회의장 간 수송 계획

V

	항공수송
세부	개최지역 취항 항공사(편) 조사
	공식 항공사 후보선정 및 혜택협의(대규모 행사의 경우)
	항공사(편) 예약 및 발권상황 정보 공유
	항공사와 참가자 입·출국 정보 공유

V

	지상수송
세부	수송 차량종류 및 필요대수 산정
	수송업체 선정 후 견적 협의
	참가자 입국 스케줄 확인
	셔틀버스 운행 노선 및 스케줄 결정
	운행시간표 제작 및 안내 사인물 제작
운영	수송요원교육 및 배치
	셔틀버스 운행 노선 안내 및 시간표 배포
	셔틀버스 차량 운행

V

사후보고
일일보고/최종보고

할 사항들이 많으며, 참석자들의 기호와 요구사항들이 각양각색이므로 이를 잘 조율하고 관리해야 한다. 초청자들에 대한 방한 정보가 수집되면 최종단계에서 이루어지는 것이 차량배치 일정이다. 같은 나라(기관)에서 입국하는 경우에도 개인별 일정에 따라 입·출국 시간이 다르며, 서열에 따라 의전용 차량도 다르게 배치되므로 꼼꼼하게 기록하여 관리해야 한다.

VIP 영접 · 영송

회의에 참가하는 국내참가자, 해외참가자의 방한 일정을 확인한 후 공항과 행사장, 행사장과 호텔을 연결하는 수송수단 운영 계획을 수립한다. 개최지역이 서울과 인천, 제주도의 경우는 국제공항에 있는 리무진을 이용할 수 있지만, 그 외의 지역에서는 교통이 편리하지 않아 한국을 처음 방문한 외국인들은 어려움을 느낄 수 있다. 셔틀버스를 운영할 경우 장소별 이동 수요를 예측하여 차량을 배치하는 것이 효과적이며, 교육을 받은 운영요원을 주차장과 셔틀버스 승하자 구역 그리고 회의장에 배치하여 참석자들의 안내를 돕게 하며 안내표지판 등을 설치하여 참가자들의 편의를 도모하는 것이 중요하다. VIP에게는 별도의 의전차량을 이용하여 영접·영송서비스를 제공한다(고위급 참석자의 영접·영송은 '의전편' G20 국회의장회의 참고).

여러 기관에서 참석하는 VIP들에게 차량을 제공해야 하는 경우 참석자들에게 사전에 영접·영송서비스를 제공할 것임을 공지하고, 운영 담당자는 스케줄표를 작성하여 서비스 제공에 실수가 없도록 주의해야 할 것이다.

해외 참석자들이 같은 국적의 대표단이라 할지라도 개인적인 스케줄이 상이하여 다른 일정의 항공편을 이용하는 경우도 있다. 혹은 숙박 장소가 다르거나 회의참석만 하고 바로 가는 경우 등등 연사들의 스케줄이 복잡할 수 있기 때문에 이에 맞춰 가장 효율적인 일정으로 영접·영송 계획을 짜야 한다. 일정이 확정된 후에는 참석자들에게 스케줄을 발송하여 회의 운영에 차질이 없도록 해야 한다. 영접·영송을 하지 않는 일반 참석자들의 경우 셔틀버스 일정과 기타 교통수단을 미리 공지해 두어 참석자들이 회의장을 찾지 못하고 길을 잃고 헤매이는 상황이 발생하지 않도록 한다.

영접 · 영송 차량 계획

도착		항공편		도착시간	차량
5.1	G1	CA129		11:45	리무진
		KE5714		12:15	
		KE1109		11:50	
	N/A	KE716		15:15	–
	G2	KE1119		16:55	카운티
	G3	KE850		21:55	리무진
5.2	G1	KE1101		07:55	카운티
	N/A	KE5716		20:55	–

출발 (호텔)		항공편	차량 픽업	출발 (비행기)	차량
5.2	G1	OZ8113	12:45	14:45	카운티
5.3	N/A	JL960		08:00	–
	N/A	KE715		09:25	–
	G1	KE 1120	15:30	17:30	카운티
	G2	FM830	15:40	17:50	리무진
		KE797			
	G3	OZ8826	18:00	20:00	카운티
		KE1126		20:30	
	N/A	NH272		20:55	–
5.4	G1	KE829	5:10	07:10	리무진
	G2	KE5713	11:55	13:55	카운티
		OZ315		14:20	

※ N/A : Please kindly note that we are not available to pick up all delegations due to the car schedule during your stay.

3) 국제회의 개최 후

국제회의가 종료되면 사후조치로서 몇 가지의 서류 업무들이 남아있다. 언론매체에 배포하는 사후 보도자료, 참가자들에 보내는 감사편지, 회의 사후평가, 결과보고서 작성 및 결산업무 등이 있다.

보도자료는 사전·사후용으로 미리 작성한다. 작성 시 포함할 내용은 회의 개요(장소 및 시간)와 개최 목적, 주제, 주요 참석자, 회의프로그램 등이 있으며, 사진자료 및 기타 시각적인 자료를 함께 첨부하는 것이 좋다. 회의의 성격에 따라 회의 운영 중 보도자료를 배포하는 경우도 있다. 이럴 때는 사전 보도자료와 마찬가지로 내용을 미리 작성해 놓은 후 배포 전 주요 참석자의 참석 여부와 이름을 확인하고 현장 사진을 첨부하여 배포하면 된다.

감사편지는 참석자들에게 보내는 감사의 메시지가 담긴 노트 형식의 편지를 의미한다. 회의의 성격에 따라 참가자 전원에 보내기도 하고 주요 참석자들에게만 선별하여 보내기도 하며, 발송 방식은 우편 또는 이메일로 보내는 것이 일반적이다. 회의 종료 후 1주일을 넘기지 않아야 한다.

감사편지 발송

감사편지 Thank You Letter 는 회의 참석자들에게 감사의 표시를 하기

위해 보내는 짧은 인사말이다. 편지의 내용은 의례적인 말이긴 하
나, 참석자들에게 본 회의가 체계적으로 잘 기획된 행사라는 인

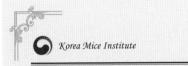

www.koreamice.go.kr

Sicheng-daero, Sejong-si, Republic of Korea

17 October, 2017

Dear MICE Association,

 We would like to thank you for your presence at the seminar. The
seminar which ran under the theme 'Innovation Policy for ICT
industry' was a great success thanks to all delegations who actively
participated in, let alone to many precious speeches presented by
prominent speakers.
Without your enthusiastic support and cooperation, this gathering
could not have been a fruitful, pleasurable and rewarding one.
Let us extend our deepest appreciation once again for your
contribution to make this seminar a never-to-be-forgotten event.
We look forward to meeting you at the next seminar in Chengdu,
China.
Thank you very much.

Sincerely yours,

HONG GILDONG

P.S. Please refer to the attachment(Periodical publication). We hope that it
will be informative for your further research. Regarding presentation files/
participants' info/photos, you can download zipped files on the website(EN)
www.koreamice.go.kr

참석한 기관을 대상으로 한 감사편지

감사편지의 수신자는 개인 혹은 단체다. 정기적인 친목 모임의 성격을 띠는 회
의의 경우, 회의 관련 자료들이나 홍보 및 공지사항이 있다면 감사편지에 함께
보내는 것도 좋은 방법이다.

상을 줄 수 있다. 회의의 성격에 따라 다르나, 감사편지는 정기적으로 개최되는 행사의 경우 향후 네트워크를 지속해 나갈 수 있게 하는 하나의 매개체의 기능을 한다.

국제회의 종료 후에는 내부적으로 작성해야 할 회의 사후평가서와 결과보고서, 결산업무가 있다. **회의 사후평가**는 회의 종료 후 회의기획에 참여한 사람들이 함께 모여 종료된 회의에 대하여 평가하고, 향후 더 만족스러운 회의 개최를 위한 방안을 모색한다. 회의자료는 차기 회의 준비를 위하여 DB화한다.

결과보고서는 회의 사전기획 단계부터 진행, 사후조치까지 모든 과정을 객관적이고 공정하게 작성하는 것이 중요하다. 보고서에는 각 준비분과위원회의 업무추진 사항과 회의장 계획, 회의장 운영(프로그램), 관계기관 협조사항, 홍보, 의전계획, 사후조치사항, 예산 등을 기재해야 한다. 정기적으로 개최되는 회의의 경우 회의의 프로그램(개회식, 부대행사, 동반자프로그램, 전시, 연회) 외에도 기념품과 홍보자료 등을 상세히 기록하여 혹시 담당자가 변경될 경우에도 그 회의의 성격을 파악하여 진행할 수 있도록 작성하는 것이 중요하다.

예산집행 결산은 회의가 종료된 후 기획과정에서 편성된 예산을 어떻게 집행하였는지 정리하여 보고하는 것이다. 회의장 임대료와 장비 및 비품 대여료, 숙박료 및 용역업체 비용 등을 정산하여 표로 작성하고 집행한 예산이 계획한 예산보다 초과 혹은 미달인지 정산하여 사유를 기입하여 보고한다.

회의 사후평가

회의 사후평가는 회의 의제와 회의장소(시설), 회의프로그램, 홍보로 나누어서 검토할 수 있다. 평가 시 중요한 것은 기획자의 입장과 참가자들의 입장이 동시에 고려되어야 한다는 점이다. 평가를 통하여 향후 개최될 국제회의 대책수립에 필요한 전반적인 자료를 분석하고 보완하여 일회성 행사가 아닌 지속가능한 회의로 발전할 토대를 마련하는 것이 중요하다.

POST-CONFERENCE MEETING
지난번 회의와 비교하여 달라진 점은 무엇인가?
회의 참석자들의 평가는 어떠한가?
회의의 목표를 달성하였는가?

평가항목	내용
의제(Agenda)	의제 선정 및 준비관련 위원회의 인력 구성이 적절하였는가? 연사들과의 의제 수정/조율과정에서 효과적으로 대응하였는가? 연사 섭외가 적절하였는가?
장소	회의장의 시설이 정상적으로 운영되었는가? 회의 장소가 회의 성격에 적합하였는가? 회의장의 접근성/주차는 어떠한가? 숙박시설의 서비스와 음식은 어떠한가? 안내/등록업무는 잘 진행되었나? 의전은 어떠했는가? 인터넷 등 기타 서비스는 어떠했는가? 인력 배치는 적절하였는가?

평가항목	내용
프로그램 및 운영	프로그램이 적절하였는가? 부대행사/연계행사는 어떠했는가? 프로그램의 시간과 간격이 적절히 안배되었는가? 연사 발표 시 시간관리는 어떠했는가? 배치된 인력이 효율적으로 운영되었는가? 청중들이 회의 주제와 적합하였는가? 통역서비스가 제대로 진행되었는가?
홍보	사전/사후 계획이 있었는가? 협력기관과의 홍보(스폰서 등) 논의가 잘 되었는가? 미디어석 운영은 잘 되었는가? 배포된 보도자료를 확인하였는가? 기념품이 적절하였는가?

설문조사

국제학술회의의 경우 참석자들을 대상으로 회의에 대한 전반적인 사항들을 평가하기 위한 설문조사를 시행한다. 이는 차기 회의 준비를 위한 자료로 사용한다.

회의평가 설문지

Evaluation Questionnaire
for participants of Korea-ASEAN MICE Joint Forum

We would like to know your views on this forum to help with future planning of events. In order to help in the planning of future MICE forum, please take a few minutes to complete this evaluation questionnaire.
Instructions :

Please indicate your level of agreement with the statements listed below and provide any comments.

Affiliation _____ Nationality _____

MICE Industry and Government Intervention

	Level of Agreement				
	1	2	3	4	5
1. The topics covered in the session were relevant to me.	○	○	○	○	○
2. The content was well-organized and easy to follow.	○	○	○	○	○
3. The session was helpful for understanding of the field.	○	○	○	○	○
4. The session would be helpful to strengthen the institutional capacity of my organization.	○	○	○	○	○
5. The time allotted for the session was sufficient.	○	○	○	○	○
6. I will be able to apply the knowledge learned in my work/practice.	○	○	○	○	○
7. I will recommend this session to others.	○	○	○	○	○

8. What did you like the most about the session?
   *Please provide any additional comments and suggestions that would be helpful in planning future MICE Forum _____

Thank you for your time and comments.

국제회의는 기획 단계부터 운영까지 참여인력들의 협업이 가장 중요하다. 동시다발적으로 진행되는 일이 많기 때문에 인력의 배치와 효율적인 운영이 중요한 이유이기도 하다. 기획자는 사전에 기획되지 않은 일을 갑작스럽게 진행하여 운영요원들을 당혹스럽게 만든다든지 공정하지 못한 업무배분으로 특정인에게 업무를 과중시키는 실수를 범해서는 안 된다. 또한 회의의 진행요원들의 애로사항이나 개선점을 참고하여 보완하는 것이 더 나은 회의를 기획하는 사람의 자세이다.

　국제회의의 다양한 이해관계자들이 하나의 목표를 위해 나아가는 과정에서 예기치 못한 일이나 사건사고가 발생하기 마련이다. 성공적인 국제회의를 위해서는 사전에 서로 협의하여 탄탄한 시나리오를 기획하는 것이 선행되어야 하며, 리허설과 사전교육을 통하여 예기치 못한 돌발 상황에 대처하는 유연성을 길러야 한다. 무엇보다 가장 중요한 것은 회의에 참여하는 모든 인력들이 회의 개최 목표와 의미에 대하여 함께 공유하여 책임감을 갖고 업무에 임하는 것이다.

PART 2

의
전
편

의전편

상대의 마음을 얻기 위해
치밀하게 계획된 예술행위

의전이란?

〈　　　　　　　　　　　〉

외교는 상대의 마음을 얻기 위한 전략이며,
의전은 그 전략을 수행하는 예술행위이다.

'말하지 않아도 정精으로 아는' 한국식 사고는, 여러 문화와 배경
을 가진 국제무대에서는 효율적이지 못하다. 아무리 좋은 뜻을 가
지고 있다 하여도 그 뜻을 상대방에게 효과적으로 전달하지 못한
다면 원하는 결과를 얻을 수 없기 때문이다.

외교무대에서 의전 儀典, Protocol은 꼭 필요하다. 의전을 뜻하는
'Protocol'의 어원은 그리스어 'Protokollen'이다. '맨 처음'을 의
미하는 'Proto'와 '붙인다'의 의미의 'Kollen'의 합성어이다. 처
음에는 공증문서에 효력을 부여하기 위해 맨 앞장에 붙이는 용지
를 의미했지만, 시간이 지나면서 외교문서의 양식을 지칭하는 것

으로 바뀌었다. 현재 '의전'이라는 단어는 국가 관계에서 가장 기본이 되는 형식이며, 기본적인 '도리'가 되었다.

의전이란, 상대방과 집단을 잘 이해할 수 있도록 배려하는 것이다.

1) 의전은 배려다

의전을 수행하기 위한 규칙들을 이론적으로 암기한다면, 의전은 복잡하고 어려운 것이 될 수도 있다. 하지만 의전은 상대방을 위한 사소한 배려로부터 시작되는 것이다. 외국인 친구가 나를 만나기 위하여 한국에 방문할 예정이라고 가정해 보자. 친구가 좋아하는 음식, 특성과 취미 등을 고려해서 함께 방문할 목적지와 투어를 생각해 보고, 마중과 배웅 등의 계획을 마련할 것이다. 외국 방문단을 외국에서 날 보러 오는 소중한 친구라고 생각하고 계획을 짜보자, 대표단을 위한 의전은 존중과 배려에서 시작된다.

수행의전

먼저 보행 시 의전의 배치를 보자.

수행의전은 의전의 가장 기본이며, 공무 수행 시 상급자를 모시고 보행할 경우에도 적용되는 기본적인 에티켓이다. 보행 시 안내자와 수행원은 귀빈을 중심으로 앞과 뒤에서 보좌한다. 수행원의

경우 귀빈과 너무 멀지도, 가깝지도 않은 적당한 거리를 유지하여
야 하며, 귀빈이 15도 각도로 고개를 돌렸을 때 보일 수 있는 위
치에 서 있어야 한다.

가) 기본위치

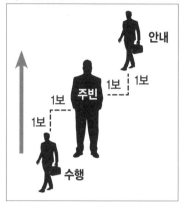

나) 종으로 할 때

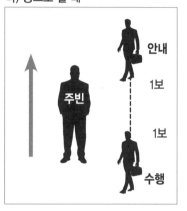

보행 시 주빈, 안내자와 수행원의 위치

승강기의 상위 자리는 승강기를 바라보고 왼편의 안쪽(내부에
서 보면 오른쪽 안쪽)이다. 타고 내리는 순서는 수행원이 승강기
의 버튼을 누르면 상급자가 가장 나중에 타고 내릴 때는 수행원
이 승강기 안쪽에서 버튼을 누르며 상급자가 가장 먼저 내린다.

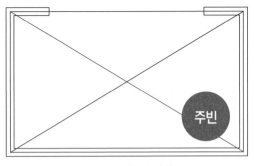

승강기 탑승 시 위치

운전기사가 있는 경우(택시 포함)의 승용차 좌석배열은 앞 그림과 같다. 상급자가 오른쪽에 앉게 되고 수행원이 보조석에 배석한다.

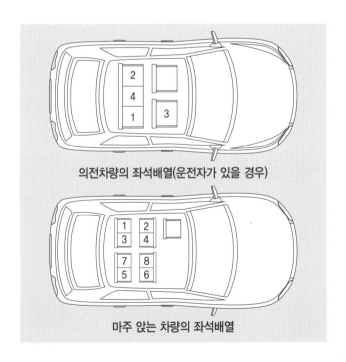

의전차량의 좌석배열(운전자가 있을 경우)

마주 앉는 차량의 좌석배열

기차 탑승 시 좌석배치

기차를 탑승할 경우 창 측이 첫 번째 상석이며, 그 앞자리가 두 번째이고 첫 번째 상석의 옆자리가 세 번째, 그 앞에 자리가 마지막 자리다. 좌석배열이 세 좌석일 경우 창 측이 상석이며, 통로 쪽이 두 번째, 중앙에 위치한 자리가 마지막 자리다.

Tip : 에티켓과 의전 구별하기!

에티켓(Etiquette)은 공공을 위한 안내판이란 의미이며, 고대 프랑스어 동사 'Estiquer(붙이다)'에서 유래되었으며, 인간관계에 있어서 서로가 지켜야 할 예절을 뜻한다. 반면, 의전(Protocol)은 공식적인 교류나 행사에 적용되는 기준과 절차를 의미한다.

2) 국제의전 규칙 5R's

국제의전은 국가행사와 외교행사, 국가원수와 고위급인사의 방문과 영접에서 행해지는 국제적인 예의를 의미한다. 방문 목적에 따라서 국빈방문 State Visit과 공식방문 Official Visit, 실무방문 Working Visit, 비공식방문 Non-Official/Private Visit으로 나뉜다.

국제의전에는 5가지의 규칙5R's이 있다.

Respect(상대방에 대한 존중과 배려)

세계 각국의 다양한 문화와 사고방식, 관습 차이를 존중해야 한다. 예를 들면 술을 마시지 않는 문화의 나라의 손님에게 축배 시 술을 권하는 것은 그 나라의 문화와 가치관을 무시하는 결례가 되는 것이다.

Reciprocity(상호주의)

상대에게 배려를 받았으면 그만큼 되돌려줘야 한다. 상호주의는 상호 배려의 다른 측면이기도 하다. 즉, 상대에게 대접을 받았다면 나도 접객 환대Local Hospitality를 해야 한다.

Reflecting Culture(문화의 반영)

의전의 국제적인 표준은 서양식 관행에서 비롯되었지만 의전을 기획할 때에는 각국의 고유한 문화와 관습을 반영하여 준비한다. 즉, 의전에는 그 나라의 문화와 전통이 배어 있으며, 특정시대와 지역의 문화를 반영한다.

Rank(서열)

참석자의 서열을 지키는 것은 의전의 핵심이다. 정상급 외빈들의 의전 서열은 국가수반, 행정수반 순이다. 동급일 경우 재임기간 순서로 정하며, 여러 정상이 참석하는 경우에는 알파벳 순으로 서열을 정하기도 한다. 서열을 무시하는 것은 국가나 조직에 대한 큰 실례다.

Right(오른쪽)

행사 주최자는 손님에게 오른쪽을 양보한다. 정상회담 때도 방문국 정상에게 오른쪽을 양보하며, 여성과 함께 걸을 때는 여성을 오른쪽에 두는 것이 신사의 매너이다. 그러나 국기에 대해서는 주최 측이 손님에게 상석을 양보하지 않는다. 정상 간의 자리 양보는 예의이지만, 국기는 한 국가의 영원성을 가진 상징물이므로 오른쪽을 양보하지 않는 것이 관행이기 때문이다.

의전은 정상회의뿐만 아니라 크고 작은 국제회의를 준비하고 진행하는 사람들에게도 꼭 필요하다. 의전의 업무를 성공적으로 수행하기 위해서는 사전에 철저하게 준비하고 리허설을 하는 것이 가장 중요하다. 행사장에서는 행사매뉴얼(의전메뉴얼)을 시각화한 자료를 상비하여 꼼꼼히 체크하는 것이 맡은 업무를 실수 없이 실행할 수 있는 좋은 방법이다. 끊임없이 움직이며 앞뒤에서 발생할 상황을 체크하여야 하며, 예상치 못한 상황에 당황하지 말고 침착한 자세로 대응해야 한다.

로마숫자 표기법과 24시제

국제기구(UN)의 공식 언어 Official Language 는 6개의 언어가 사용(영어, 불어, 중국어, 스페인어, 러시아어, 아랍어)되지만, 일반적으로 외국사람들과의 의사소통 Working Language 은 영어나 불어로 한다. 주로 영어가 많이 사용되기 때문에 국제기구는 영미권에 있을 것이라고 생각하기 쉽지만, 실제로 국제기구는 유럽권 나라에 편중되어 있다. 국제기구를 방문하기 전 숙지할 것이 바로 로마자 표기법과 시간 표기법이다. 한국은 일반적으로 시간을 표기할 때 24시제(0시~24시)보다는 12시제(오전/AM 12~11시, 오후/PM 12~11시)에 더 익숙하다. 그러나 유럽권에서는 24시제로 표기하고 읽는 것이 일반적이다.

'15시부터 진행될 실무자회의 Working Group 는 24번 회의실에서
진행됩니다.'

국제회의장에서 위와 같은 안내방송이 나온다고 생각해 보자.

로마숫자와 24시제에 익숙하지 않다면 회의장을 정시에 찾아가
는 것이 쉽지 않을 것이다.

로마숫자 표기

1	2	3	4	5	6	7	8	9	10	
I	II	III	IV	V	VI	VII	VIII	IX	X	
20	30	40	50	60	70	80	90	100	500	1000
XX	XXX	XL	L	LX	LXX	LXXX	XC	C	D	M

2

〈 　국제회의 의전관　 〉

　국제회의 의전을 수행하는 대표적인 지원인력으로는 운영요원 Operation Staff과 국별 의전관 Delegation Liaison Officer이 있다. G20 서울 정상회의, 핵안보 정상회의 등 대규모 국제회의가 개최될 경우 평소 국제관계와 외교에 관심이 있는 사람이라면 참여할 수 있다.

　의전관선발의 우대조건은 외국어능력(영어 및 제2외국어), 국제적 마인드와 매너를 갖춘 자이므로, 의전관에 관심이 있다면 평소에 글로벌 이슈에 관심을 갖고 영어나 기타 외국어 능력을 키워 놓아야 한다. 정상회의의 의전관은 기존에 국제회의 참여 경력이 있을수록 선발될 가능성이 높아진다.

1) 국제회의 의전관 도전하기

G20 서울 정상회담

언론에 공개되는 전체회의 외에 별도로 진행되는 비공개 회의에서는 우리가 흔히 생각하는 사회자나 수행원들의 배석이 별도로 이루어 지지 않으며, 주재국의 정상이 호스트로서 회의를 진행한다. 언론에 공개되지 않는 비공개 회의장의 경우 각국의 정상들 및 주재국 경호관을 제외한 사람들의 출입이 제한되므로 경호관이 회의의 운영 및 안내를 돕는다. 회의장 안은 패스PASS를 지닌 사람만 출입과 통행을 할 수 있으며, 이를 플로터Floater 라 한다. 접근성에 따라 빨간색과 파란색으로 나뉜다. 빨간색은 1급 경호 구역까지 접근할 수 있는 패스이며, 이 통행권의 지급은 VIP, VIP 의전 및 통역, 경호원으로 제한된다.

주재국 대통령 경호팀 통역의 인력 충원은 경호실에서 별도로 채용하기도 하며, 운영요원(회의장) 중에서 별도로 선발하기도 한다. 이들의 주요 역할은 회의장 내·외부에서 경호원의 지시를 받아 통역을 하는 것이다.

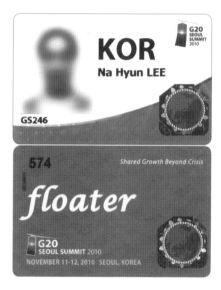

G20 서울 정상회의 출입증

※ 회의장 운영요원의 출입증(Security pass)이다. 평범해 보이지만 보안기능이 탑재된 RFID 특수보안출입증이다. 사람을 식별하여 무선으로 데이터를 송신하는 장치인 RFID가 삽입되어 있어 보안검색대를 통과하는 순간 출입자의 사진과 이름, 국적, 직업 등의 정보가 보안검색대 모니터에 나타난다. 정보 식별 후 얼굴인식 카메라가 작동하여 자동 판별하는 최첨단의 보안 시스템의 비밀이 숨겨져 있다. 비표에는 총 2개의 카드를 삽입하게 되어 있는데, 상단은 개인정보가 탑재된 카드이며, 하단의 카드는 빨간색 또는 파란색 Floater를 삽입한다. 빨간색 Floater는 정상들이 출입하는 회의장에 들어갈 수 있는 PASS이며, 이를 착용해야 1급 경호 구역에 들어갈 수 있다.

2) 국제회의 의전관 체험하기

G20 국회의장회의 국별 의전관(DLO)

국별 의전관의 업무는 대표단의 방한 일정 준비 단계부터 시작되며, 사전준비 기간이 3개월에서 6개월 정도 걸린다. 의전관으로 활동하기 위한 교육과 훈련을 마친 후, 외교관과 국별 협력관, 대사관 담당자들과의 사전회의를 통해 대표단의 방한일정 및 업무를 조율하며 방한 준비를 지원한다.

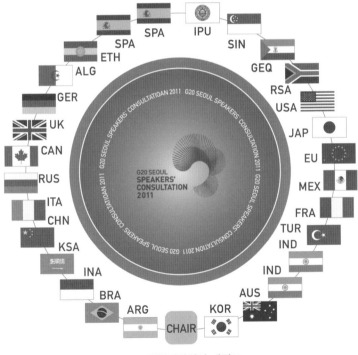

G20 국회의장회의 배치도

각국의 정상들과 대표들이 모이는 국제행사장은 최고 수준의 보안과 경호가 이루어진다. 회의장과 호텔은 물론이거니와 방한 일정 중 공식 일정 외로 방문하는 한국의 관광지들도 귀빈들의 이동에 따라서 경호원들이 사전에 방문하여 보안을 점검하고 경호를 강화한다. 대표단의 일정과 비공식 일정은 사실상 방한 전에 계획된다. 하지만 대표단의 갑작스러운 일정 변경으로 예정된 장소 이외의 목적지가 생길 경우 경호팀과의 연락을 통해 사전답사를 실시하여야 한다.

　대표단의 방한 기간 동안 보안과 회의 운영의 효율성을 위하여 담당 업무에 따른 ID 카드를 배부 받게 되며, 구별된 ID에 따라 회의장 출입을 제한받는다.

G20 서울 국회의장회의 신분 배지(Identity Badges)

※ G20 국회의장회의 당시 사용된 명찰이다. 5가지의 색으로 참석자가 구분되어지며, 빨간색 Floater는 전 구역의 통행에 제한이 없으나, 파란색 Floater의 경우 회의장에 출입할 수 없다.

실무노트1 ▶ 공항영접

공항영접 의전 스케줄

08:45	국회 출발
10:25	(DLO 1 & 2) 인천공항 도착, 공항영접팀과 합류(공항 귀빈실) 항공편 및 영접인사 도착시간 재확인(국회인사, 주한대사)
11:40	주한대사관 대사 및 국회 영접인사 공항 도착 (공항영접팀, DLO 1 & 2) 귀빈실 대기
11:50	(공항의전팀) 공항브릿지*로 이동(탑승동) (우리 측 영접인사–주한대사, 영접인사, 국회직원(DLO 1 & 2), 전문통역사) 이동 ※ 영접인사와 대표단 통역은 전문통역사 담당
12:25	입국(KE0000) (공항의전팀) 브릿지에서 인사 후 부의장급 이상 단장(배우자 포함), 주한대사, 영접인사와 함께 더블도어* 통과 후 귀빈실로 이동 ※ 필요시 공항 귀빈실에서 환담(전문통역사 담당) ※ 더블도어 입국 해당자 외 대표단 입국절차 : 간이심사대에서 얼굴만 확인 후 여권은 출입국 관리 직원에게 그대로 맡긴 채 통과. 그 후 영접팀에서 일괄 수거하여 대표단에 전달 (DLO 1) 기타 대표단과 함께 입국수속장으로 이동. 대표단 일부와 수화물 수취(PCO 2, 공항영접팀) 동행 (공항영접팀) 대표단 수화물 차량탑재 (DLO 1) 출발 가능함을 귀빈실 측 대기자에 통보
13:30	인천공항 출발 (공항영접팀) 대표단 차량 도열 및 대기 안내 ※ 지원차량 3대 – 에쿠스380(1호차), 에쿠스330(2호차), 카운티(3호차) (DLO 2) 수행원에게 차량 탑승 순서 및 대열 안내(출발 10분 전), 탑승 안내 및 의전 ※ 단장(부의장급 이상) 차량에는 근접경호 1인 탑승 (DLO 1) 공항 출발~호텔 도착, 호텔 안내데스크 운영요원에게 연락(10분 전)
14:30	호텔 체크인 (호텔 운영요원) 체크인 및 대표단 객실 키 준비 (DLO 1) 객실 키 수령 후 대표단 분배, 대표단 객실번호, 수하물 체크, 조치사항 확인 (DLO 2) 국회의장 내외 객실 안내 및 대표단에게 출발시간, ID카드 착용 안내

공항영접 현장노트

실수는 허용되지 않는다. 정보의 사전 숙지가 필수다!

수행할 대표단에 대한 사전정보 파악을 완료한 후 세부 실행 계획을 숙지하여 실수가 없도록 해야 한다. 여러 사람이 한 팀이 되어 움직이기 때문에 한 명의 실수가 도미노현상으로 이어질 수 있기 때문이다.

공항에는 국외 VIP 입국을 위한 별도의 통로가 있다. 사전에 가서 탑승할 차량을 확인하고, 공항 귀빈실에 가서 영접인사들과 인사를 하도록 한다.

> *브릿지란? 비행기 착륙 후 터미널로 이동하기 위하여 이어지는 통로를 의미하며, 패스트트랙(Fast-Track)과 일반트랙으로 나누어 이동한다. 이곳에서 대표단을 영접한다.

공항과의 사전 조율을 통하여, 입국하는 대표단은 더블도어를 이용할 수 있다. 더블도어는 탑승장 바로 옆에 귀빈실로 연결되어 있으며, 출입국을 담당하는 직원이 방문국 일행의 여권을 일괄적으로 수거하여 대리 수속을 진행한다. 대표단의 단장(VIP)은 공항 귀빈실에서 입국 수속을 기다리며, 환담이 종료되면 의전차량을 이용하여 숙소로 이동한다.

차량 좌석배치 및 도열

모터케이드는 국가원수 등의 국빈이 각종 공식행사 참석 등을 위해 차량으로 이동할 때 의전과 경호상의 목적으로 구성되는 자동차의 행렬을 의미한다. 이 행렬이 진행되는 동안 경찰은 교통신호를 통제하여 모터케이드 행렬의 차량들이 신호에 걸리지 않도록 한다. 교통 신호통제는 단 1초의 오차도 허용하지 않는 완벽한 의전의 비결 중 하나이기도 하다.

의전차량도열(모터게이트)

첫 인상이 중요하다. 대표단과의 첫 만남은 밝은 미소로 맞이하도록 하자. 운영 중 자신이 맡은 업무에 약간의 차질이 생기면 당황하지 않고 팀원에게 알리도록 한다. 행사 운영 시에는 팀원의 업무들이 연계되어 있으므로 맡은 역할에 충실히 임하도록 한다.

운영과 관련하여 운영요원과 PCO 직원이 곳곳에 배치되어 있으므로, 담당자들과의 사전연락과 확인은 매우 중요하다.

　행사운영에서 가장 중요한 것은 팀워크이다. 잘 모르거나 긴장이 된다면 팀원들과 생각을 공유하여 함께 역할을 체크해 보도록 한다.

실무노트 2 ▶ 회의 의전

회의 의전 스케줄

07:49	호텔 출발 (DLO 2) 대표단인원 파악, ID 카드/라벨핀 지참 확인 　　　　국회의장/대표단 차량 탑승 안내 (DLO 1) 차량 확인, 차량 출발 후 담당자에게 통보 ※ (DLO 3) 배우자프로그램 배우자 참여 지원

경찰오토바이

뒤	카운티 (DLO수행원 등)	세단 3 (사무총장)	에쿠스 1 (의장)	경찰차	경찰 오토바이

경찰오토바이

회의당일 모터케이드

08:05	국회 도착 하차선(본청 2층 정현관 영접) : 국회의장의 영접 (국회영접팀) 대표단 통역, 주재국 국회의장께 안내 ※ 포토라인 설정(촬영) (DLO 1) 도착예정시간 통보(5분 전), 기타 대표단 안내 (DLO 2) 의장, 사무총장 안내
08:30	서울 G20 국회의장회의 참석 (DLO 2) 의장, 사무총장 좌석 안내(중앙홀) (DLO 1) 기타 대표단 오버플로우룸*(4층)으로 안내
11:45	포토세션(15분 소요 예정) 본청 3층 의장라운지 옆 포토세션 백월 앞 (DLO 2) 상원부의장 포토세션 위치 안내
12:00	주재국 국회의장 주최 오찬 (DLO 2) 의장, 사무총장 사랑재 안내(오찬팀 인계) (DLO 1) 기타 대표단 사랑재 앞마당 안내
14:00	서울 G20 국회의장회의 참석(계속) (DLO 2) 의장 및 사무총장 좌석 안내(중앙홀) (DLO 1) 기타 대표단 오버플로우룸(4층)으로 안내
14:30	기초위원회(Drafting Committee) (DLO 2) 기초위원회 참석 희망자 대회의장으로 안내 ※ 공동선언문* 초안에 대해 이의가 있는 대표단(의원/수행원 모두 참석 가능) 　　중 영어로 의사소통이 가능한 자(혹은 자국어-영어 통역 대동) ※ 종료시간은 정해지지 않음.

회의 의전 현장노트

　VIP가 공식 행사에 참여하기 위해 차량으로 이동할 경우 경찰의 교통통제가 이루어진다. 외빈의 모터케이드의 경우, 맨 앞에는 의전차량(의전 오토바이 및 경찰차)이 선도를 서게 되며 VIP 차량 외에 수행원들의 차량과 경호차량, 경찰사이드카 등이 행렬을 이룬다. 한국의 교통통제 능력은 세계적인 수준이라 한국을 방문하는 외국 정상과 대표단은 한국의 의전에 대하여 좋은 평가를 한다.

　국빈 방한의 경우, 배우자들은 별도로 마련된 **배우자 프로그램** Spouse Program에 참여하게 된다. 배우자 프로그램은 주로 문화시찰과 티타임 등으로 구성되며, 일정이 끝난 후 내외가 함께 주재국 초청 만찬에 참석한다.

　공식적인 사진 촬영의 첫번째 장소는 국회의장 **영접 포토라인** 인 회의장 입구다. 주재국의 국회의장이 중앙홀 입구에서 각국의 의장들을 영접한다. 레드카펫 위에서 간단한 인사말과 악수를 하며, VIP를 중앙으로 양쪽에서는 기자들의 사진촬영이 이루어진다. 이때 의전관은 카메라 앵글에서 벗어나 대기하는 것이 바람직하다. 의전관은 행사의 숨은 주역이 되어야 한다.

각국 의장들은 단체사진 촬영을 위하여 **포토세션 포토라인**에 서게 된다. 의장들의 발 밑에는 자리 안내를 위한 번호가 적혀있으며, 의전관은 VIP를 포토월 앞 지정된 번호로 자리를 안내해 준다.

포토세션 포토라인

1. 터키 2. 인도네시아 3. 브라질 4. 아르헨티나 5. 한국 6. 호주 7. 인도(하원) 8. 사우디아라비아 9. 미국(하원) 10. 캐나다 11. 러시아 12. 이탈리아 13. 프랑스 14. 중국 15. 인도(상원) 16. 멕시코 17. 유럽의회 18. 일본 19. 일본 20. 한국(부의장) 21. 국제의회연맹 22. 싱가포르 23. 적도기니 24. 영국 25. 알제리 26. 에티오피아 27. 스페인(상원) 28. 스페인(하원) 29. 남아프리카공화국

각국의 의장들은 회의가 시작되기 전 의장라운지로 이동하여 네트워킹의 시간을 갖는다. 대표단 중에서 회의장 출입이 가능한 소수의 인원은 회의장에 참석하지만, 그 외의 대표단은 오버플로우룸Overflow Room에서 회의를 참관한다.

세션이 진행되는 동안 기초위원회와 양자회담 및 다자회담이 동시에 진행된다. 의전관은 전 구역을 통행할 수 있는 권한이 있으므로 대표단들의 발이 되어 회담이 잘 성사될 수 있도록 지원한다.

> * 오버플로우룸이란? 본회의장에 들어가지 못하는 대표단들을 위해 마련된 장소이다. 방청석이 구비되어 있지 않은 회의장이라면 TV를 설치하여 임시공간을 활용하기도 한다.

각국의 의장들이 모여 회의한 결과물은 폐막과 함께 공동선언문Communique의 형식으로 발표된다. 각국의 담당자들이 기초위원회 Drafting Committee에 참석하여 자국의 의견을 전달하고 조율하며 선언문을 완성한다. 통역이 없이 진행되므로 주로 영어가 가능한 대사관 관계자가 참석하는 것이 일반적이다.

> * 공동선언문이란? 회의의 경과와 합의 사항들을 대외적으로 알리기 위한 목적으로 작성되는 공식 성명을 의미한다. 선언문은 주재국의 수장이 회의 종료 후 '서울 커뮤니케(Communique)', '도쿄 선언문' 등의 이름으로 발표한다

3) 국제정상회의 의전관 지원하기

국제회의에선 의전이 중요하다. 의전은 한마디로 행사 참석자를 배려하는 일이다. 참석자가 행사에서 만족할 경우 주최 측에 감사한 마음을 갖게 되고, 주최국 측에 대한 이미지 또한 좋아지기 마련이다. 국제회의의 성격과 규모에 따라 의전의 범위가 달라지지만, 주빈과 귀빈뿐만 아니라 참석자 모두를 위한 의전을 하는 것이 성공적인 회의 개최라고 말할 수 있다.

의전에 대하여 이해하고자 한다면, 국제회의에 참여하여 회의장의 업무와 분위기를 직접 느끼고 체험하는 것도 좋은 방법이다. 한국에서 개최되는 소규모 국제회의에 지원하여 꾸준히 경력을 쌓았다면 국가정상들이 참석하는 대규모 정부회의에 지원해 보는 것도 좋은 경험이 될 것이다. 일반인이 참여할 수 있는 기회는 국별 의전관, 운영요원, 모니터요원과 자원봉사자가 있다. 의전관은 정부 관계자들과 함께 협업을 할 수 있는 좋은 기회이다.

DLO 1은 회의를 주관하는 국가기관의 정부관계자가 담당하며, DLO 2는 외부의 전문인력으로 충원된다. 의전관은 외교부와 유관기관 및 주한 외국대사관과 함께 해외대표단의 일정조율과 커뮤니케이션을 담당한다. 회의가 개최되는 기간 동안에는 대표단

영접과 영송, 회의장 안내, 주요 일정관리, 현장의전 및 수행통역 등의 업무를 수행하게 된다.

DLO 교육 참여 시 배부되는 명찰

의전관 지원 A to Z

❶ 모집공고

회의가 개최되기 6개월 전쯤 모집공고가 나며, 지원자격은 외국어(영어 및 기타 외국어), 국제회의 참여 경력 등이 있다. DLO에 도전하고 싶다면 외국어 실력과 국제회의 현장에서의 경험을 꾸준히 쌓아야 선발에 유리하다.

Tip : DLO 선발

국제회의 DLO 선발에 우선순위는 국제회의 참가 경력이 있는 사람이
다. 소규모 회의라고 지나치지 않고 꾸준히 참여하여 실전에서의 경력
을 쌓은 후 도전하는 것이 국제정상회의 운영요원으로서의 합격 확률
을 높이는 방법이다.

❷ 인터뷰

주최 측 관계자, 국제회의 운영요원 관리 책임자 등의 회의 관련
전문가들과 원어민으로 구성된 면접이 진행된다. 면접은 한국어
와 영어, 기타 외국어(필요시)로 진행되며, 이때는 외국어 실력뿐
만 아니라 국제정세에 대한 질문도 나오니 사전에 철저한 준비를
하는 것이 좋다.

❸ DLO 교육 참가

글로벌 매너와 국제회의 안전교육 등 정부기관 관계자 및 각 분
야의 전문가들이 초청되어 강연을 한다. 전문적인 강의 및 선배들
의 경험담을 들으며 국별 의전관이 되기 위한 사전 교육을 받게
된다.

❹ 사전회의

행사 주최 및 주관 측의 담당자와 한국 주재 외국대사관의 외교

관들, 주재국 및 주최 측의 외교·협력관들과 회의 사전준비를 위한 사전 회의를 진행한다. 국별 의전관으로 선발되면 회의 중 필요에 따라 통역을 하기도 하며, 의전을 위해 회의장과 호텔, 만찬장 등의 사전답사도 수행한다.

Tip : DLO 사전교육

DLO 사전교육 시 참가 목적과 포부, 경력, 담당하고 싶은 국가와 그 이유에 대하여 설명하는 기회가 주어진다. 이때 자신의 의견을 논리적이고 설득력 있게 전달하는 것이 중요하다. 특히 국별 의전관에게는 어떤 국가를 담당하게 되는지가 가장 궁금할 것이다. 지원자들은 주로 선진국의 DLO가 되는 것을 선호한다. 그러나 장단점이 있다. 미국이나 영국, 호주의 경우는 대표단과의 연락업무가 비교적 수월하다. 반면에 개도국의 DLO의 역할은 상당히 많을 수 있다. 그만큼 많은 것을 배우고 경험할 수 있다는 의미이므로 담당 국가의 선택에 있어서 자신의 전략을 잘 수립하는 것이 중요하다.

〈 국제행사 의전 기획·운영 〉

　의전업무는 크게 공항 의전과 회의장 의전으로 나눌 수 있다. 방한하는 참석자의 사회적 지위에 따라서 의전업무의 범위가 달라지며, 고위급 참석자 의전의 경우 경호업무까지 포함되어 있으므로, 관련기관들과의 협조를 통하여 사전에 꼼꼼하게 기획해야 한다.

1) 의전 기획하기

의전업무 총괄기획표

구분	세부항목	세부내용
의전운영 기본계획 수립	영접/환송 세부계획 수립	일반 참가자 의전 절차 확정 VIP 참가자 의전 절차 확정
	회의장 내 의전 세부계획 수립	회의장 내 의전 계획 수립
공항 영접/환송	대상자관리	영접/환송 대상자 선정 입/출국 일정 확인 대상별 영접인사 선정 영접스케줄 조정
	영접/환송 운영 준비	관련기관 협조 요청 관련공항 협조 요청 공항 영접/환송 데스크 확보 영접용 피켓(Picket) 제작 공항 현수막 및 각종 사인물 제작
	영접/환송 운영	영접/환송 요원 교육/배치 공항 현수막 및 각종 사인물 부착 공항 영접/환송 데스크 운영 VIP의전 차량 대기
회의장 의전	대상자관리	의전대상자 선정 대상자별 의전계획 수립
	의전운영	의전요원 배치 주요 대상자 의전
사후보고	의전보고	일일 의전 보고 최종 의전 보고

공항 및 회의장 의전

공항의전은 의전 대상자에 대한 영접과 환송에 대한 계획으로 시작된다. 의전 대상자들의 출입국 일정을 확인하고 대상자별로 영접을 담당할 인사를 선정한다. 영접인사 대기와 영접스케줄 구성을 위하여 공항에 협조요청을 해야 한다. 영접·환송 시 필요한 더블도어 사용과 귀빈실 마련, 출입국심사 절차 등을 사전에 협의한다. 참가자를 환영하고 안내하기 위한 영접용 피켓을 제작하여 환송 시 사용하도록 한다. 귀빈실을 이용하지 않는 참석자들의 경우 공항의 협조 하에 공항 내에 안내데스크와 현수막 등을 설치하여 참가자들이 이동하는 데 발생할 수 있는 혼선을 최대한 줄인다. 아울러 운영요원들을 세관과 출입국심사, 검역, 안내데스크, 수화물 인수장 등에 배치시킨다.

회의장 의전은 조직위원회에서 선정한 의전 대상자의 회의 스케줄에 따른 동선을 파악하고, 동반자 동행 여부를 확인하는 것

주요 체크리스트

행사계획 수립하기	운영 계획하기	행사장 준비사항 체크하기
√ 행사시기(일시) √ 행사 장소 답사 √ 행사계획 작성 √ 초청인사 범위 설정	√ 내빈 안내 √ 입장 및 퇴장 √ 참가자 및 차량운영 √ 업무분장 및 준비일정	√ 회의장 √ 오찬/만찬 √ 행사 장식물
※ 이동시간은 실측시간을 기록해 두어야 하며, 통제가 필요할 경우 관계기관과 사전 협의를 해야 한다.	※ 협력부서별 상세한 업무분장을 기술해 놓는 것이 좋으며, 우천 시 대비 계획도 세워야 한다.	※ 미디어가 올 경우의 좌석배치와 보도계획 등을 사전에 협의해야 한다. 운영요원의 복장은 유니폼, 눈에 띄는 색깔의 띠, 명찰 등을 착용하여 통일성을 주도록 한다.

부터 시작한다. VIP의 스케줄에 관해서는 보좌관이나 수행원과 협의하여야 하며, 좌석의 경우 경호상의 편의와 참석자들과의 서열 등을 고려하여 결정하여야 한다. 회의장의 운영요원은 행사장 내·외에서 참가자들의 안내를 돕고, 회의장 의전 담당자는 주요

💡 Tip : 의전서열(한국 vs 미국)

지위에 따라 공식적으로 인정되는 서열이 있지만, 국가의 제도에 따라서 공식서열에는 차이가 있다. 공식서열이나 의전서열은 명문상 규정되어 있지 않으며, 의전업무상 필요에 따라 조정된 서열관행이 있다. 의전서열의 근거는 관행상으로 확립된 것이며, 행사의 성격에 따라 조정되기도 한다.

한국의 국가기관 서열	미국(연방)의 의전서열
① 대통령	① 대통령
② 국회의장	② 부통령
③ 대법원장	③ 하원의장
④ 헌법재판소장	④ 연방대법원장
⑤ 국무총리	⑤ 전직 대통령 미국대사(부임지행사시)
⑥ 중앙선거관리위원장	⑥ 국무장관
⑦ 국회 부의장	⑦ 주미 각국 대사
⑧ 감사원장	⑧ 전직 대통령 미망인
⑨ 국무위원(정부조직법에 의한 서열)	⑨ 연방 대법원 판사
⑩ 장관급, 국회의원, 검찰총장, 합참의장, 3군 참모총장	⑩ 각료
⑪ 차관, 차관급	⑪ 각국
	⑫ 상원의원(재직기간순)
	⑬ 주지사
	⑭ 하원의원(재직기간순)
	⑮ 각 부처 차관
	* 근거 : 관행
	※ 대통령 외국순방 시 방문국 주재 미국대 사는 국무장관에 우선함.

의전 대상자의 동선과 자리를 파악하여 의전을 수행한다.

외부인사(내방객) 영접

상대방 측으로부터 우리 측에 방원 요청이 오면 양측의 협의 하에 방원날짜를 확정한다. 영접 계획을 수립할 때는 영접·환송 계획, 사무실(기관장 집무실 또는 응접실) 및 간담회 운영계획으로 구분하고 필요에 따라 오찬·만찬 등을 기획한다. 그러나 외부인사의 방문과 영접은 그 사람의 지위와 방문 목적에 따라 절차와 내용을 달리 할 수 있다.

기관방원 준비 체크리스트

분류		업무	준비사항
계획 수립	외부	방원계획 작성	방원 일자, 방원 목적, 내방객 직급 확인
		자료발송	기관소개, 기관장 CV, 약도
		자료요청	기관소개, 대표단 CV, 참석자리스트, 음식기호, 통역 동행 여부, 예상 질문, 담당자연락처
	내부	보고	배석자 선정 및 일정 확인
		자료작성	기관홍보자료, 기타 발표자료
		운영지원 요청	회의장, 사진촬영, 지원인력, 다과준비
운영 계획	외부	프로그램 협의	양측 인사말, 발표자 선정
	내부	방원계획 보고	최종(프로그램, 참석자) 보고
		업무분장	회의장 세팅(웰컴보드, 명패, 말씀자료, 기념품), 회의록 작성, 운영보조인력(조명, 음향, 컴퓨터)
사후	외부	후속조치	요청자료/사진/감사편지 발송
	내부 내부	회계처리	오·만찬비, 기타 인쇄물 등
		결과보고	관련부서 후속조치 사항

외부 인사를 초청하여 회의를 진행할 경우 주최 측의 장이 직접 회의를 주재하는 경우도 있지만, 공식방문의 경우 사회자가 회의를 진행한다. 사회자의 역할은 외국에서 온 대표단들에게 간단한 인사말, 내빈소개와 기관현황 소개를 하며 회의의 진행을 하는 것이다. 이때 사회자의 위치는 주최 측 참석자들이 아닌 내방객을 바라보는 위치에 서야 하며 외빈들과 아이컨택을 통하여 긴장감을 해소할 수 있도록 도와줘야 한다.

사회자의 위치

사회자는 내방객의 위치와 일직선이나 앞, 뒤가 아닌 바라보는 위치에 서야 한다.

2) 회의장 좌석배치 및 의전서열

공식방문 Official Visit

공식방문의 경우 프로그램이 시작하기 전 주인의 집무실에서 내방객의 대표 또는 대표단과 환담을 나눈다. **사무실 환담**은 주로 기관장의 집무실에 배치된 탁자형 응접실에서 이루어진다. 환담 시 좌석배치는 주인보다 하급자가 방문하는 경우, 주인이 원래 좌석을 지키고 외부 내방객이 우선순위에 따라서 앉게 된다. 내방객이 주인과 동급인 경우에는 주인석을 비워두고 동급자의 맞은편에 앉아서 진행한다. 만일 내방객이 주인보다 상급자일 경우라 할지라도 주인석은 비워두고 주인과 상급자는 마주보고 앉아서 진행하는 것이 원칙이다.

탁자형 응접실 환담 시 자리배치
주인이 원래 좌석을 지키고 외국 대표단과 내부 관계자들이 우선순위에 따라 배석한다.

공식 간담회의 경우 양 기관장과 대표단들이 함께 배석하여 이루어진다. 이런 공식적인 회의는 각 기관의 현황 소개, 기관장의 인사말, 기관간의 협력방안 논의 등으로 이루어진다. 기관의 장이 참석할 경우 마주보는 자리배치나 청중을 바라보고 나란히 앉는 좌석배치가 가장 일반적이다.

기관간의 공식 간담회 시 자리배치

각 기관의 기관장이 맨 앞쪽에 앉고 기관장을 중심으로 왼쪽과 오른쪽에 우선순위에 따라 대표단을 배석한다.

양자회담 Bilateral Discussions

양자회의 시 좌석배치는 중앙을 상석으로 하는 것이 일반적이며, 귀빈이 입구에서 먼 쪽에 앉는다. 좌석의 중앙에 1순위를 배치하고 그 다음부터 서열에 따라 오른쪽, 왼쪽 순으로 배치하며, 우리 측 1순위도 상대측 대표와 마주볼 수 있도록 한 후 오른쪽, 왼쪽 순으로 배치한다.

(상대측)

(우리 측)

양자회담 시 좌석배치

다자회담 Multilateral Discussions

 다자회담에서 의전서열은 국가원수, 행정부 수반 순으로 정해진다. 국가원수의 경우 재임기간 순으로 서열을 정하며, 참가국이 많은 대규모 다자 정상회의의 경우 회의장 도착과 좌석배치는 국명의 알파벳 순으로 사용하기도 한다. 회의장을 나설 때는 알파벳 역순을 사용하는 규칙이 있기도 하다. 국제기구 중 UN이 다른 국제기구들보다 높은 서열을 가지며, 나머지 기구들은 설립연도 순으로 의전 서열을 정한다. 단, 의장국은 회의장 좌석배치 시 일정수준의 재량권이 있기 때문에, 의장국의 이해관계에 따라 국가별 자리배치가 달라질 수 있다.

Tip : 외빈, 호칭은 어떻게 해야 할까?

외국의 대통령이나 정부 각료, 대사 및 기타 외국의 고관과 전직 고관에게는 His(her) Excellency라는 존칭을 쓴다. 일반적으로 상대방에게 경의를 나타내는 칭호로 남성에게는 Sir, 여성에게는 Madame이라는 부른다.

연회 Banquet

좌석배열은 연회준비 사항 중 가장 세심한 주의를 요하는 부분이며, 참석자의 인원과 부부동반 여부, 남녀의 비율, 서열, 장소의 규모 등을 고려하여 결정한다. 의전을 할 경우 참석자들의 서열순으로 번호를 붙인 명단을 준비하면 안내가 용이하며, 참석자의 자리를 사전에 숙지한 후 바로 자리를 안내할 수 있도록 해야 한다. 참석자들의 도착을 확인하여 늦게 오거나 불참할 경우를 대비하여 좌석배치에 착오가 없도록 해야 한다. 참석자가 많을 경우 좌석배치 판을 제작하여 연회장 입구 적당한 곳에 놓아둔다거나 참석자가 적을 경우 좌석명패를 제작하여 각자의 자리에 놓아두는 것도 좋은 방법이다. 일반적으로 좌석배열은 귀빈이 입구에서 먼 쪽에 앉도록 하고 전망이 바로 보이는 좌석에 주빈이 앉도록 배치한다. 여성이 탁자의 끝에 앉지 않도록 하며, 외교단은 신임장 제정일자 순으로 배치한다.

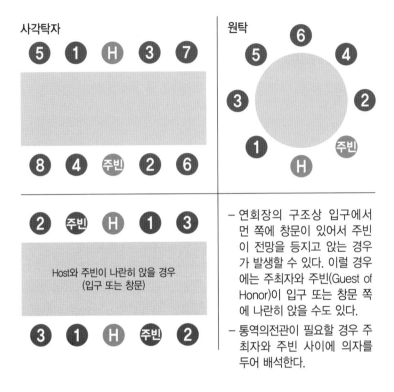

사각탁자

원탁

Host와 주빈이 나란히 앉을 경우
(입구 또는 창문)

– 연회장의 구조상 입구에서 먼 쪽에 창문이 있어서 주빈이 전망을 등지고 앉는 경우가 발생할 수 있다. 이럴 경우에는 주최자와 주빈(Guest of Honor)이 입구 또는 창문 쪽에 나란히 앉을 수도 있다.
– 통역의전관이 필요할 경우 주최자와 주빈 사이에 의자를 두어 배석한다.

3) 협약식 Ceremony 준비 및 진행

협약이란 국가, 정부부처, 기관간의 체결 등 각기 다른 주체들 간의 합의를 도출한 결과를 의미한다. 체결 주체와 내용에 따라 조약, 협약, 양해각서 등의 명칭이 사용된다. 특히 기관간의 상호 교류협력이 증가하면서 상호 협력을 위한 시발점으로서 양해각서 MOU/Memorandum of Understanding 를 체결한다. **MOU**란 어떤 사항에 대해 협조나 거래를 본격적으로 시작하기 전에 양 당사자의 기본적인 이해를 담기 위해 체결하는 문서를 의미한다. MOU의 법적 효력은 체결 당사국 간에 법적 구속력이 있는 조약과는 달리 법적 구속력이 없다.

조약 Treaty과 기관 간 약정 Arrangement

조약 Treaty이란 '국가 간에 서면형식으로 체결되며 국제법에 의하여 규율되는 합의'를 의미한다. 국가를 법적으로 구속하는 유일한 문서이기 때문에 국내적으로 국내법과 같은 효력을 지닌다.

기관 간 약정 Arrangement 이란 정부기관이 동일하거나 유사한 업무를 수행하는 외국의 정부기관과 체결하는 합의이다. 국내법상 자신의 소관업무 내지 권한의 범위 내에서 체결하는 것으로서, 법적 구속력이 없다. 기관 간 약정은 법적 효력이 없으며, 당해 기관과 외국의 상대기관 간 비법률적 구속력만 갖게 된다. 기관 간 약정의 명칭은 조약의 명칭 Treaty, Convention, Agreement, Protocol과 구분하기 위하여 양해각서 MOU ; Memorandum of Understanding, 약정 Arrangement, 계획서 Plan, 프로그램 Programme을 주로 사용한다.

조약의 주요 명칭

조약 (Treaty)	• 가장 격식을 따지는 것으로 정치 · 외교적 기본관계나 지위에 관한 실질적인 합의를 기록 예 한 · 러시아 기본관계에 관한 조약(1993), 한 · 과테말라 범죄인인도조약(2006)
규약(Covenant) 헌장(Charter) 규정(Statute)	• 주로 국제기구를 구성하거나 특정제도를 규율하는 국제적 합의에 사용 예 국제연맹규약, UN헌장, 국제사법재판소(ICJ) 규정 등
협정 (Agreement)	• 비정치적인 전문 · 기술적인 주제를 다루는 경우 예 한 · 중국 해상수색구조협정(2007)
협약 (Convention)	• 양자 조약에서 특정분야 · 기술적 사항에 관한 입법적 성격의 합의에 사용 예 한 · 요르단 이중과세방지협약(2005) • 국제기구 주관 하에 개최되는 국제회의 또는 외교회의에서 체결하는 다자조약에 사용 예 담배규제기본협약(2005)
의정서 (Protocol)	• 기본적인 문서에 대한 개정 또는 보충적인 성격을 띄는 조약에 사용 예 한 · 루마니아 경제과학기술협력협정 개정의정서(2005), 1949년 제네바 제협약에 대한 추가 및 국제적 무력 충돌의 희생자 보호에 관한 의정서(1949)
교환각서 (Exchange of Notes)	• 조약의 서명절차를 체결 주체 간의 각서 교환으로 간소화함으로써 기술적 성격의 합의에 있어 폭주하는 행정수요에 부응하기 위해 사용 예 한 · 칠레 사증면제 교환각서(2004)
양해각서 (Memorandum of Understanding)	• 이미 합의된 사항 또는 조약 본문에 사용된 용어의 개념을 명확히 하기 위해 당사자 간 외교교섭의 결과 상호 양해된 사항을 확인 · 기록하는 경우에 사용 • 근래에는 독자적인 전문 · 기술적 내용의 합의에도 많이 사용 예 WTO DDA 국제신탁기금 출연에 관한 한 · WTO 양해각서(2005) • 우리나라의 경우 최근 조약보다는 주로 기관 간 약정의 명칭으로 사용

출처 : 외교부(2007)

조약과 기관 간 약정 비교

	조약	기관 간 약정
체결 주체	국가(정부)	정부기관
체결추진 정책결정	관계부처 협의 후 정부가 결정	외교통상부와 협의 후 당해 기관이 결정
문안성안 및 교섭	관계부처 협의 후 외교통상부가 임명한 정부대표가 교섭	외교통상부와 협의 후 당해 기관이 교섭
※ 부처(서)간 역할분담	① 외교통상부 내 교섭주무부서 ② 관계부처 ③ 조약국(교섭문안 검토)	① 당해 기관 ② 외교통상부 내 정책부서 ③ 외교통상부 조약국 (교섭문안 심사)
가서명	정부대표	당해 기관 대표
서명을 위한 국내 절차	법제처 심사	불요
	국무회의 심의	불요
	대통령 재가	당해 기관장 재가
서명	정부대표(전권위임장 필요)	당해 기관 대표
※ 원본 보관처	외교통상부 조약과 ⋯› 국가기록원 이관	당해 기관 ⋯› 외교통상부 관계국에 사본 송부 필요
비준을 위한 국내절차	헌법 제60조 제1항에 해당하는 조약은 국회 비준동의 필요	불요
	대통령 비준	불요
비준서 교환	대통령(또는 외교통상부장관) 명의 비준서 교환	불요
관보 게재	조약란에 조약번호를 붙여 '공포'	고시란에 해당기관 고시번호를 붙여 '고시' 필요
효력	국내법과 같은 효력	법적 효력 없음.

출처 : 외교부(2007)

문안 작성

기관 간 약정의 구성은 제목과 전문, 본문, 최종 조항, 서명란으로 구분되며, 약정 체결의 주체는 제목, 전문, 서명란에 정부기관 간 합의임을 명시해야 한다.

제목은 기관 간 약정 체결 시 Arrangement, MOU, Plan 또는 Programme 등의 명칭을 사용한다. 제목이나 기관의 이름을 기재할 경우에는 약자를 사용하지 않고 풀어서 쓰도록 한다.

예 MOE(×) → Ministry of Education(○)

체결 주체는 약정에 규정된 내용을 자신의 독립적인 권한으로 이행 가능한 기관이 되어야 하므로 국가, 정부 또는 기관이 체결 주체가 된다.

전문은 약정을 해석하는 지침이 되며, 명칭은 기관 간 약정에서는 Introduction을 사용하며, 조약의 경우 Preamble을 사용한다. 그 외에도 Recitals, Whereas Clause의 명칭을 사용한다. 체결 주체를 명시하고 약정 체결의 근거와 목적, 체결경위 등을 간략하게 언급한다. 약정 체결 주체의 경우 조약에서는 Parties를 사용하나, 기관 간 약정에서는 Sides, Participants와 Signatories를 사용한다.

본문은 약정의 실질적인 내용을 규정하는 부분이므로 구속적 합의를 나타내는 용어는 피해야 한다. 조약의 경우 Chapter(장),

기관 간 약정의 문안 구성의 예

제목

문서의 제목,
기관의 이름은
약자를 사용하
지 않는다.

Memorandum of Understanding
on Cooperation in MICE industry
between the Ministry of Culture, Sports and
Tourism of the Republic of Korea
and the China National Tourism Administration of
the People's Republic of China

전문

The Ministry of Culture, Sports and Tourism of the
Republic of Korea and the China National Tourism
Administration, hereinafter referred to as "the Sides";

일반적인 내용
기재

DESIRING to promote, develop and strengthen the
relationship between both countries;
RECOGNIZING the importance of promoting the
development of convention and tourism cooperation
programs as well as activities related to the exchange of
information and experience between both Sides;

The Sides have reached the following understanding,

Paragraph 1
Objectives

본문

영어가 모국어
가 아닌 국가
에서는 양국의
언어와 영어,
총 3가지 언어
의 문서로 작성
하기도 한다.

The sides will encourage and support the cooperation in
the field of international meetings and tourism between
their affiliated research entities on the basis of equality
and mutual benefit.

최종조항

Signed in duplicate at (place) on the _____ day of (month,
year), in Korean, (Chinese) and the English languages,
both (all) texts being equally valid. In case of any
divergence in interpretation, the English text will be used.

서명란

교차표기원칙
에 의해 자국
문서의 서명란
이 왼쪽에 위치
한다.

For the Ministry of Culture,
Sports and Tourism
of the Republic of Korea
(On behalf of 부/처)
서명

For the China National Tourism
Administration
of the People's Republic of China
(On behalf of 부/처)
서명

Part(부), Section(절), Article(조), Paragraph(호)의 순서로 구성되지만 기관 간 약정의 경우 바로 Paragraph를 사용하여 약정의 구체적인 사항 등을 열거한다.

조약용어	약정용어	조약용어	약정용어
agree	accept, approve, decide, consent	undertake	decide, carry out
have agreed as follows	have reached the following understanding,	have agreed as follows	have come to the following arrangement
agreement, undertaking	arrangement, understanding	continue in force	continue to have effect
being equally authoritative, authentic	having equal validity, being equally valid	enter into force	come into operation, come into effect, become effective
bound to be (or by)	covered by	done	signed
mutually agreed	jointly decided	shall	will
conditions/terms	provisions	clause	paragraph

최종 조항은 발효시점, 개정 및 종료, 언어조항, 해석상 이견 발생 시 사용되는 언어본을 설명하는 조항을 포함한다. 서명장소(도시)와 서명일자(요일)는 쓰지 않는다. **서명란**은 기관에 따라 서명자의 직책을 인쇄하기도 한다. 언어본에 상관없이 서명은 한

가지 언어로 통일하는 것이 바람직하며 각 측의 서명자가 두 명 이상일 경우 상급자를 아래쪽에 인쇄하고 서명하도록 한다.

조약 원본은 나라별로 소정양식의 조약표지와 원본용지 및 리본을 사용하여 합철해야 하지만, 기관 간 합의서는 특별히 정해진 양식은 없다. 각 기관이 자율적으로 기관의 로고나 표지를 제작하여 활용하면 된다.

문건 검독 Proof-Reading 및 합철 Binding

합의문은 교차표기 원칙 Principle of Alternation이 적용된다. 합의문 문안을 작성할 때는 교차표기 원칙에 따라 제목과 전문, 본문, 서명란과 언어규정에 따라 우리나라(우리 측, 한국어)를 먼저 표기한다. 마찬가지로 상대국 측 보관 분에는 상대국명을 먼저 표기한다. 양자 간 합의문은 교차표기이지만, 다자협약의 경우 서명은 알파벳 순으로 진행한다.

아랍권과의 합의문은 주의해야 한다. 아랍어, 히브리어는 글이 오른쪽에서 왼쪽으로 쓰이기 때문에 오른쪽에 우리 측 서명란이 위치한다. 즉, 상대국 보관용 합의문의 우리 측 서명란은 왼쪽에 위치하게 된다.

체결식을 진행하기에 앞서 각국의 실무진들이 만나 양측의 문안이 동일하게 작성되었는지 대조 검독 Proof-Reading을 한 후, 원문을

교환한다. 합철을 할 때의 순서는 한국어본, 상대국어본, 제3국어
본(영어)의 순서로 합철한다. 마찬가지로 상대국은 상대국어본,
한국어본, 제3국어본의 순서로 합철한다.

좌석배치 및 국기배열 Setting Arrangement

 체결식의 주최가 우리 측(국가 또는 기관)의 경우 회의장에서는
우리 측 서명자가 내빈을 향하여 왼쪽에, 상대측 서명자가 오른
쪽에 위치한다. 그리고 양측에는 서명자를 보좌하는 서명보좌관
이 각각 위치한다. 상대측에서 서명식을 진행할 경우에도 마찬가
지로 (내빈을 향하여) 서명식 주최 측의 서명자가 왼쪽, 우리 측
서명자가 오른쪽에 위치한다.

 한국에서 서명식을 진행할 경우에는 앞에서 바라볼 때 오른쪽
에 우리나라 서명권자가 앉고, 왼쪽에 상대국 서명권자가 앉는
다. 만일 서명식이 한국이 아닌 외국에서 개최된다면 한국의 서명
권자는 주최국의 외빈이 되므로 상석인 오른쪽(내빈을 향하여)을
양보받게 되는 것이다.

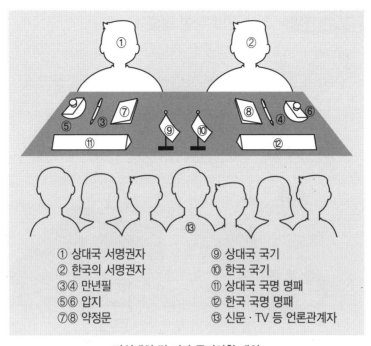

① 상대국 서명권자   ⑨ 상대국 국기
② 한국의 서명권자   ⑩ 한국 국기
③④ 만년필   ⑪ 상대국 국명 명패
⑤⑥ 압지   ⑫ 한국 국명 명패
⑦⑧ 약정문   ⑬ 신문 · TV 등 언론관계자

좌석배치 및 기타 준비사항 배치

실무노트 3 ▶ 기관간의 약정 체결

회의 의전 스케줄

한 · 에티오피아 기관간의 MOU 체결식

　에티오피아에서 개최된 두 기관간의 양해각서 체결식이다. 외빈인 한국의 서명권자가 상석인 오른쪽에 앉아있다. 국제적 관행에서는 외빈에게 오른쪽 상석을 양보하지만, 국기 National Flag에 대해서는 대부분의 국가에서 상석을 절대 양보하지 않는다. 그러나 일부 국가에서는 방문하는 국가의 국기를 예우하여 자국기를 왼쪽에 위치시키기도 한다. 국제의전은 법으로 정해져 있는 것이 아니라 선행과 관행에 의해서 정해지기 때문에 행사의 성격에 따라 적절히 조정할 수 있다.

체결식 의전 현장노트

	서명식 순서	서명 보좌관의 역할
서명 식장 준비	각 서명권자 위치의 탁자 위에 자국 보관용 합의문 원본을 놓는다.	– 합의문 교환 후 축배(샴페인) 또는 선물교환이 있다면 미리 챙겨두도록 한다. 사진 및 영상촬영이 있다면 서명권자 뒤쪽의 보좌관의 위치를 미리 파악해 두도록 한다.
서명식	양측 서명권자의 입장	서명권자 뒤편 바깥쪽에 위치하여 대기한다.
	양국 서명권자는 서명보좌관의 도움을 받아 각각 자국 보관용 합의문 정본상의 서명란(왼쪽)에 서명한다. * 각 측 서명자가 2명 이상인 경우, 하급자가 먼저 서명한 후 상급자가 서명함.	– 서명식이 시작하면 서명권자 옆으로 가서 약정문의 서명란을 펼치고 서명하기 편리하도록 보좌를 한다. – 문서를 확인했다는 의미로 문서에 한 장씩 서명권자가 사인을 하게 되므로, 사전에 서명할 곳을 확인한다.
	상대국 보관용 합의문 서명란(오른쪽) 서명	– 상대국 보관용 합의문 서명을 위한 1차 교환이 있으므로 사전에 색깔이 있는 스티커 등을 붙여두어 교환하는 데 혼동이 없도록 한다. – 교환 시에는 서명자의 뒤쪽에서 교환한다.
서명식 종료	서명권자의 합의문 교환	– 합의문 교환이 끝나면 서명권자들은 악수, 선물교환 및 사진촬영을 하게 되므로 필요한 물품을 서명권자에게 전달 후 포토라인 뒤쪽으로 물러나 대기한다.

4) 공식 영문편지 작성

영문서식의 형식과 구성

공식 영문서식은 이메일과는 다르게 정해진 형식이 있으며, 사용하는 어휘가 비교적 형식적이다. 외국의 기관과 업무를 해야 하는 국제업무 담당자들은 공식 영문편지를 보낼 일이 많으므로 다음의 중요 구성요소들을 숙지하여 업무에 활용해야 한다.

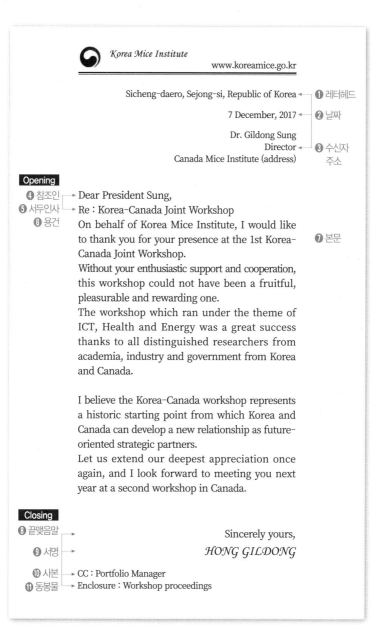

Korea Mice Institute
www.koreamice.go.kr

Sicheng-daero, Sejong-si, Republic of Korea ← ❶ 레터헤드

7 December, 2017 ← ❷ 날짜

Dr. Gildong Sung
Director ← ❸ 수신자
Canada Mice Institute (address) 주소

Opening

❹ 참조인 → Dear President Sung,

❺ 서두인사 → Re : Korea-Canada Joint Workshop

❻ 용건 On behalf of Korea Mice Institute, I would like ❼ 본문
to thank you for your presence at the 1st Korea-
Canada Joint Workshop.

Without your enthusiastic support and cooperation,
this workshop could not have been a fruitful,
pleasurable and rewarding one.

The workshop which ran under the theme of
ICT, Health and Energy was a great success
thanks to all distinguished researchers from
academia, industry and government from Korea
and Canada.

I believe the Korea-Canada workshop represents
a historic starting point from which Korea and
Canada can develop a new relationship as future-
oriented strategic partners.

Let us extend our deepest appreciation once
again, and I look forward to meeting you next
year at a second workshop in Canada.

Closing

❽ 끝맺음말 → Sincerely yours,

❾ 서명 → *HONG GILDONG*

❿ 사본 → CC : Portfolio Manager

⓫ 동봉물 → Enclosure : Workshop proceedings

영문서식의 형식과 구성의 예

영문서식의 주요 구성

(1) 레터 헤드 Letter head

편지지 상단에 기재되는 기관의 이름과 주소, 로고, 홈페이지주소 등을 의미한다. 기관에서 공식적으로 발송되는 문서에 사용되는 것이기 때문에 기관 레터 헤드 양식을 만들어 놓은 후 필요시 활용하면 된다. 편지가 1장 이상이 될 경우 레터 헤드는 첫 장만 사용한다.

(2) 날짜 Date

한국식 편지는 하단에 기입하지만, 영문서식은 반대로 편지 헤드에 기입한다. 위치는 레터 헤드의 오른쪽 하단에 쓰는 것이 일반적이며, 연도와 월, 일을 행을 바꾸지 않고 쓴다. 월을 쓸 때는 숫자로 쓰지 않고 철자를 풀어서 써야 한다. 날짜를 쓸 때 미국식은 그냥 숫자만 표기하고, 영국식은 서수를 기입한다.

> **예** 12-07-2018 (×)
> December 7th, 2018 (○)
> 7 December, 2018 (○)

(3) 수신자주소 Inside Address

한국식은 수신자의 주소를 편지지 봉투에 쓰고 편지지에는 기입하지 않지만, 영문 편지에서는 편지지 안에 수신자의 주소를 기입한다. 편지지의 레터 헤드와 본문 사이의 좌측 상단에 수신인의

주소를 표기하면 된다. 주소를 모를 경우 이메일로 대체하기도
한다.

(4) 참조인 Attention Line

기관 내의 특정인이나 해당 부서에 전달하고자 할 경우 기재하
는 것이므로 영문서식 구성에 필수적인 사항은 아니다. 참조인이
있다면 수신자 주소와 수신자 사이에 기재하도록 한다.

예 Attention : Dr. Lee

(5) 서두인사 Salutation **, 호칭** Form of Address

서두인사는 존칭을 써야 하며 수신자의 직책을 잘 확인하여 사
용하여야 한다. 수신자의 이름을 모를 경우 Dear Sir/Madame,
To whom it might concern으로 쓰기도 한다. 위치는 상단의
수신자 주소란과 본문 사이에 쓰며 2행 띄어쓰기 Double Space 가 적
당하다.

호칭 Form of Address 은 호명, 명패제작, 초청장과 서신작성 등 상황
에 따른 호칭이 다르므로, 주의하여야 한다(호명과 명패제작에 사용되는 호
칭은 국제회의편 '연회 즐기기' 참고 – 본문 36페이지).

호칭(초청장, 서신 작성)

구분(영문표기)	초청장	서신
국가의 원수 (President/ Prime Minister)	The President of, Prime Minister of 국가	Dear Mr. President : His/Her Excellency 이름, President of 국가,
대사 (Foreign Ambassador/ Cabinet) 장관(Minister) 국회의장(Speaker of National Assembly)	The Ambassador of 국가	Dear Mr. Minister : His/Her Excellency 이름, Ambassador of 국가,
국회의원 (Senator/Congressman) 주지사/시장 (Governor/Mayor) 차관급인사(Vice Minister Level Officials)	Representative 이름	Dear Governor : The Honorable 이름, Member of the 22nd National Assembly, The Liberty Korea Party,

(6) 용건 Subject Line

서신을 보낸 이유에 대하여 한눈에 알 수 있도록 간단하게 표기한다. 국제 행사일 경우 행사의 이름, 학술회의의 경우 회의 주제 등을 적도록 한다.

예 Re : Korea - Canada Joint Workshop

(7) 본문 Body

서두 인사에서 1행을 띄어서 쓴다. 단락 내에서는 한 행씩 띄어서 쓰며 문단을 바꿀 시에는 두 행을 띄어서 쓴다. 내용을 작성할 때는 간략한 문장 구조를 사용하는 것이 바람직하다.

(8) 끝 맺음말 Complimentary Close

맺음말은 본문에서 2행을 띄고 기재한다. 첫 글자는 대문자로 시작하고, 끝에는 콤마(,)를 찍는다. 격식을 갖춘 표현으로는 Sincerely Yours, Faithfully Yours를 쓰며, 친숙도가 있을 경우에는 Best Regards, Regards를 사용한다.

(9) 서명 Signature

기관 대표의 서명이 들어가며, 서명파일을 저장해 놓은 후 삽입하여 사용하는 것이 효율적이다.

(10) 사본에 관한 표기 Carbon Copy Notation

공식 서신의 사본을 수신자 이외의 사람에게 보낼 때에는 왼쪽 하단에 기입한다. 두 명 이상의 사람들에게 보낼 때는 이름을 알파벳 순으로 배열한다.

> **예** CC : Nahyun Lee
>   Portfolio Manager
>   UNOPS

(11) 동봉물 표시 Enclosure Notation

동봉물이 있을 경우 서명란에서 1행을 띄우고 왼쪽 가장 자리에 맞추어 표기한다. 동봉물이 한 개 이상일 경우 숫자를 써서 열거하며, 이때는 콜론(:) 또는 콤마(,)를 사용한다.

영문편지 사례

의전 업무에는 공식적인 행사에 참여하여 수행업무를 하는 수행 의전도 있지만, 외국의 기관들과 상시로 연락하고 의견을 조율하는 업무도 있다. 특히 기관간의 업무에 있어서는 문서가 중요하므로, 담당자들끼리 사전에 이메일로 업무를 조율한 후 최종단계에서는 공식서한을 교류하며 증빙자료로 남긴다. 앞서 살펴본 영문서식의 형식과 구성에 맞추어서 상황에 맞는 내용을 갖추어 작성하면 된다.

(1) 초청 거절

Dear Laura Brightwell,

I would like to extend my sincere thanks to you for inviting Dr. Lee as a speaker, on 7th August 2018 at the United Korea Conference on Science, Technology, and Entrepreneurship (UKC) 2018.

However, it is with regret to inform you that Dr. Lee will not be able to participate in the Forum due to other obligations.

I apologize for not being able to accept your request and inconvenience that might be caused by the notice. Your kind understanding would be greatly appreciated.

I wish you a successful conference.

Sincerely yours,
Bona Lee

2018년 8월 7일에 '과학, 기술과 기업가 정신'을 주제로 개최되는 과학기술학술대회(UKC)에 연사로 초청해 주신 데에 감사의 뜻을 전합니다. 그러나 이 박사님께서는 다른 업무 일정들로 인하여 참가할 수 없게 된 것을 알려 드리게 되어 유감을 전하는 바입니다. 요청을 받아들이지 못한 점에 대하여 사과의 말씀을 전합니다. 양해 부탁드리며, 성공적인 컨퍼런스 개최를 기원합니다.

▶▶ 초청거절 주요 표현

extend to : ~에게 전하다

with regret to inform you that~ : ~을 알리게 되어 유감이다

due to other obligations : 다른 임무들로 인하여

apologize for : ~에 대해 사과하다

I would like to **extend** my best regards **to** you.
당신(귀하)에게 안부를 전합니다.

It is **with regret to inform you that** the Korea-China bilateral meeting is cancelled.
유감스럽게도 한중 양자회담이 취소되었습니다.

비슷한 표현 ▶ I am afraid that~,

It is unfortunate that~ : 유감이다

The business trip arranged for next month was cancelled **due to other obligations.**

다음 달로 예정된 출장은 다른 일들로 인하여 취소되었습니다.

비슷한 표현 commitments 책무, 약속

I would like to express my sincere **apologies for** the nonattendance.

불참하게 되어 진심으로 사과드립니다.

(2) 요청 수락

Dear Sir,

Regarding your request for 1) Project period extension
2) Budget modification, Korea MICE Institute(KMI) has approved
as follows:

Project Period Extension
KMI has confirmed the extension of the Project period from
November 30th, 2018 to December 31st, 2018 (one month). I would
like to inform you that the period extension of the Project will not
be charged. The no-cost extension is applied to the submission of
budget summary report, and the budget spending as well.

Budget Modification
As you requested, KMI has confirmed your request of modifying the
budget allocated for "meetings" to be moved to "office supplies".

Warmest regards,
Zhibek Bichunovo

▶▶ 해석

  귀하께서 요청하신 사업기간 연장과 예산수정의 건에 대하여 Korea MICE Institute는 아래 와같이 승인하였습니다. 사업기간 연장의 건 KMI는 해당 사업의 기간을 2018년 11월 30일에서 2018년 12월 31일로 1달간 연장하였습니다. 기간 연장은 추가 비용이 발생되지 않을 것이며 이는 예산 사용내역서와 지출내역서에도 동일하게 적용됩니다. 예산수정의 건 귀하가 요청하신 대로 KMI는 회의비로 책정된 예산을 사무용품비로 할당함을 승인하였습니다.

regarding : ~에 관하여

request for : ~에 대한 요청

approve as follows : 다음과 같은 사항을 승인하다

비슷한 표현 as below

I am looking forward to hearing from you **regarding** my invitation.

저의 초대에 대한 빠른 답변을 기대합니다.

비슷한 표현 in terms of~, concerning~

The explanatory memorandum relating to the **request for** the above mentioned item is enclosed herewith.

위에서 언급한 사항들에 대한 요청과 관련하여 설명된 제안서를 별도로 첨부하였습니다.

어휘 explanatory memorandum : (설명하는) 제안서

enclosed herewith : 별도로 동봉된(별첨)

---

* 콜론(:)과 세미콜론(;)

콜론은 앞문장의 내용에 대한 설명이나 아래의 사항들을 열거할 때 사용하는 것이며, 세미콜론은 접속사로 사용된다.

We would like to request three type of documents: budget summary report, budget plan and official proposal.

우리는 예산사용내역서, 예산 계획서와 공식 제안서의 3가지 서류를 요청합니다.

(3) 조문편지

Embassy of Nepal
Seoul, Korea
37-24, Sungbuk-dong, Sungbuk-gu, Seoul
Tel. No. 0082 (02) 37899770/1
Email: seoul@mofa.gov.np

April 29, 2015

On behalf of Korea MICE Institute, I was deeply saddened and shocked by the loss of lives and that many others were injured in the earthquake near Kathmandu.

My deepest sympathies and condolences go to people of Nepal following this massive earthquake which has claimed numerous lives.

We sincerely hope the people of Nepal would overcome their hardship of disaster as soon as possible.

With our deepest condolences,

▶▶ 해석

저는 네팔 카투만두 Kathmandu 근처에서 발생한 지진으로 인한 인명피해에 대하여 깊은 슬픔을 느꼈습니다. 수많은 사람들의 목숨을 앗아간 지진에 대하여 네팔인들에게 애도와 조의를 표합니다. 네팔사람들이 이번 재난을 하루 빨리 극복하기를 진심으로 기원합니다.

On behalf of : ~을 대신하여

sadden : (수동으로 쓰임) 슬프게 하다

loss of lives : 인명 손실

My deepest sympathies and condolences:
깊은 애도와 조의를 표하다

claim : (목숨을) 앗아가다

overcome a hardship : 고난을 극복하다

It is indeed a great pleasure for me to contact you **on behalf of** KMI.
KMI를 대신하여 귀하께 연락드리게 되어 영광입니다.

We were deeply saddened by the news.
우리는 그 소식을 듣고 깊은 슬픔에 빠졌다.

Korean government deplores the terrible **loss of lives** in conflict zones.
한국정부는 분쟁지역에서의 끔찍한 인명손실에 대하여 규탄한다.

My deepest condolences for the loss of lives caused by the massive earthquake.

대규모 지진으로 인한 인명피해에 깊은 애도와 조의를 표합니다.

Earthquakes have **claimed** millions of lives in the last decade.

지난 10년 동안 지진은 수백만 명의 목숨을 앗아갔다.

The new government policy encouraged us to **overcome hardship** of disaster.

정부의 새로운 정책은 우리가 재앙에 대한 고난을 극복하는 데 힘을 주었다.

(4) 안부 및 제안

Dear President,

It was a pleasure to meet you at the 2017 Global HR Forum in Seoul. I hope you enjoyed the conference and found it as productive as I did. It was a great opportunity for leaders from diverse sectors to discuss what matters most in today's complex environment—that is, people.

If you are available, I would be honored to have the opportunity to visit you in Seoul in early 2018 and discuss your vision for KMI and the broader Korean MICE community. In the meantime, please feel free to reach out to me at any time if you have any questions, as I would be happy to help in any way I can.

Warmest regards,
Kyungsu Jang

▶▶ 해석

서울에서 개최된 2017 Global HR 포럼에서 만나서 반가웠습니다. 저에게 이번 포럼은 많은 도움이 되었습니다. 회장님께서도 많은 성과가 있으셨기를 바랍니다. 다양한 분야의 리더들이 모여 가장 중요한 이슈인 '사람'에 대하여 의견을 나눌 수 있는 좋은 기회였습니다. 가능하시다면 2018년 초에 서울을 방문하여 찾아뵙고 한국 MICE 산업과 커뮤니티에 대하여 의견을 나누고 싶습니다. 그 안에라도 질문 있으시면 언제든지 연락주시기 바랍니다.

▶▶ 안부 및 제안 주요 표현

It is a pleasure to : ~하게 되어 기쁘다

productive : 생산적인, 결실 있는

diverse sectors : 다양한 분야

be honored : 영광이다

in the meantime : 그동안에

reach out : (비격식) 연락을 취하다

It is a pleasure to meet you again.

당신을 다시 만나게 되어 기쁩니다.

The meeting was highly **productive.**

그 회의는 정말 큰 성과가 있었다.

Eminent scholars from **diverse sectors** all gathered
at the meeting,

회의의 다양한 분야에서 저명한 학자들이 모두 모였다.

I would **be honored** to have you in the reception.

리셉션에 당신을 모시게 되어 영광입니다.

The second session will be started after a coffee break, please enjoy a cup of coffee **in the meantime.**

두 번째 세션이 곧 시작될 예정입니다. 그동안 편안하게 커피를 마시세요.

Please feel free to **reach out** to me.

편하게 연락하세요.

PART 3

영어 커뮤니케이션편

듣고, 말하고, 보여주자 : 3S 전략

"어떻게 하면 영어를 잘 할 수 있나요?"
"회화를 잘하려면 어떻게 해야 하나요?"

영어를 잘 하고자 하는 사람들의 공통된 질문이다.
회화를 잘 할 수 있는 방법은 아주 간단하다. 잘 듣는 것이다.
회화능력을 키우겠다고 회화수업만 계속 수강하면서 같은 패턴의
말만 계속 반복하는 스스로의 모습에 지쳐서
영어 학습을 포기하는 사람이 많다.

지쳐있는 영어 학습자들에게 말하고 싶은 것이
영어커뮤니케이션의 3S 법칙이다.

Shadowing Speaking Showing

국제회의기획자에게 영어는 단순한 커뮤니케이션 수단이 아니다.
해외 유관기관들과의 회의기획, 운영단계에서의 협력, 세계 각국에
서 모인 참석자들과의 네트워킹을 하기 위한 필수적인 도구이다.

1

〈 청취 − 듣자! 〉

"영어공부는 해야 될 거 같은데, 공부할 시간은 없고⋯⋯, 듣기라도 하면 영어가 늘겠지⋯⋯" 하며, 출퇴근길이나 일상생활 중에 배경음악처럼 영어방송이나 영어 듣기 파일을 무작정 틀어 놓는 학습자들이 많다. 그러나 지금 나오는 영어방송이 이미 배경음악이 되어버려 무슨 말을 하는지 전혀 귀에 들어오지 않았던 기억, 누구나 한번쯤은 있을 것이다. 많이 듣는다고 귀가 열리는가?

절대 열리지 않는다.

전략 1
Shadowing(쉐도잉) 기법

Shadowing(쉐도잉)이란, 원어민의 말을 그림자 Shadow 처럼 따라

하는 영어 공부법을 일컫는 말이다. 청취 공부를 할 때 구나 절 문장 단위로 끊지 않고, 문장 전체를 한 박자씩 늦게 따라가는 것을 말한다. 이는 듣기, 말하기는 물론 독해 실력까지 한 번에 향상될 수 있는 효과적인 공부법이며, 특히 영어의 유창성 Fluency 을 높이는 데 가장 효과적이다.

1) 의미가 아닌 소리에 집착하라!

쉐도잉을 처음 도전하는 사람들을 보면 단어 하나하나를 제대로 발음하기 위해 단어에 집착하여 문장을 놓친다. 결국 '이렇게 빠른 걸 내가 어떻게 따라 해?' 하면서 포기해 버린다.

쉐도잉을 돌림노래처럼 생각하면 쉽다. 내 귀에 들려오는 것을 흉내 내며 내 입으로 따라하며 포기하지 않고 끝가지 따라하는 것이 중요하다. 이때 원어민의 발음과 억양, 악센트, 호흡 등 들려오는 모든 것을 다 따라 해야 한다. 기계적으로 쉐도잉을 반복하다 보면 자연스럽게 입에 억양이나 발음들이 달라짐을 느낄 수 있으며, 속도도 빨라지게 된다.

2) 직청직해, 단위를 중심으로 끊어서 들어보자!

▶ 긴 주어와 동사 사이에서 끊어 듣는다.

주어가 한 단어로 짧은 경우에는 보통 주어와 동사를 함께 읽지만, 주어가 한 단어 이상으로 된 구Phrase를 이룰 경우에는 동사 앞에서 한 번 끊는다.

One thing that has never been a hard choice for me /
is serving our country. It has been the greatest honor
of my life.

나에게 있어 나라를 위해 일하는 것은 결코 어렵지 않은 선택이었다. 그것은 내 인생에 있어서 가장 큰 영광이었다.

▶ 절과 절 사이, 즉 접속사 앞에서 끊어 읽는다.

한 문장이 두 개의 절(주절과 종속절)로 이루어진 경우에는 절과 절 사이에 잠시 멈춤Pause이 있으므로 이 순간을 잘 잡아야 한다.

You only live once, / but if you do it right, / once is
enough.

인생은 단 한 번뿐이다. 만일 당신이 제대로 삶을 산다면, 한 번으로 충분하다.

▶▶ 분사 등 수식어구 앞에서 끊어 듣는다.

관계사절, 분사 그리고 to 부정사(형용사, 부사적용법) 등의 수식어구 앞에서 끊어 주면 문장이 간결해져서 문장구조를 이해하기 쉽다(선행사 = 관계대명사).

Success is often achieved by / those who don't know / that failure is inevitable.

성공은 종종 실패가 불가피하다는 것을 모르는 사람들에게 찾아온다.

3) 영어 발음원리 이해하기

청취에도 공식이 있다.

아는 만큼 보이듯이, 아는 만큼 들린다.

~ing의 'g' 탈락현상

세계적인 패스트푸드 프랜차이즈인 맥도날드의 CI. 하단에 'I'm

lovin' **it.**'이라는 문구에 대하여 생각해 본 적이 있는가? 햄버거를 맛있게 먹어 본 사람은 많지만 영어의 줄임 말을 나타내는 기호인 (')가 있다는 사실에 대하여 생각해 본 사람은 많지 않을 것이다.

빠른 일상대화나 뉴스에서는 -ing의 -g가 생략되어 발음된다. 즉, loving[러빙]이 아닌 [러빈]으로 발음된다. -ing 뒤의 g는 탈락되어 발음되지 않고, 축약이 되었다는 표시로 (')가 붙는 것이다. 탈락·축약 현상에 대하여 더 알고 싶다면 팝송을 교재 삼아 공부해 보는 것도 좋은 방법이다. 노래 가사가 문법에 맞지 않는 부분들이 있기는 하지만 영어 발음의 원리와 소리를 익히는 데는 도움이 되기 때문이다. 실제로 팝송 가사를 보면 영어 철자 그대로 표기하는 경우보다 소리 나는 대로 표기하는 경우가 많이 있기 때문이다.

예 because → **'cause**(축약)

> **NOTE** Love라는 동사에 현재진행형 -ing가 올 수 있나요?
>
> 소유(have, possess), 존재(consist, exist), 심리(hate, want) 사고 (know, believe) 및 감각동사 등은 현재 진행형을 사용할 수 없다. 심리동사인 'love'의 경우, 구어체에서 현재 자신의 느낌을 강조하기 위하여, 'loving'의 형태로 사용하지만, 문법적으로 맞는 표현은 아니다. 그러나 방금 어떤 음식을 먹고 "너무 맛있다!"라는 순간적인 감정을 표현하기 위한 말로 쓰이기도 한다.

구개음화 현상

[t] + [r] = [tʃ]

t가 r을 만나면 발음이 합쳐져 마치 한 단어인 것처럼 [tʃ]로 발음된다. 즉, 우리말의 [츄]에 가깝게 소리 난다.

tr = [트] (×) [tr / 츄] (○)

I **t**rust you.

나는 당신을 믿는다.

You will be in **t**rouble.

너 큰일났다!

[d] + [r] = [dr]

마찬가지로 d도 r을 만나면 두 자음이 이어지면서 [드르]가 아닌 [d]와 [r] 발음이 한데 모아지는 것처럼 소리 난다. 그러나 tr-이 [츄]로 소리 나듯 dr-이 [쥬]로 완전히 동화되지 않고 [듀]와 [쥬]의 중간 정도로 발음된다.

dr = [드] (×) [dr/듀] (○)

I **d**reamed a **d**ream.

난 꿈을 꿨어요.

앞에 언급된 단어들을 사전과 원어민 발음을 통하여 꼭 확인해
보고 이대로 연습해 보길 바란다. 단어 발음의 원리를 이해하고
말해야 그 단어가 들리는 것이다.

연음현상

Soup or Salad? 스프를 먹을 것인가, 샐러드를 먹을 것인가?
너무나 단순해 보이는 구조와 문장이다. 연음현상이 나타나면 어
떻게 발음될까? 연음 법칙을 제대로 이해한 사람이라면 Super
salad!라고 말할 것이다.

연음현상은 단어의 끝 자음이 뒷단어의 첫 모음과 연결되면서
발생한다.

단어 하나하나가 정확히 발음되지 않고 한 단어와 다른 단어가
연결되면서 마치 다른 소리처럼 발음된다. 연음현상이 일어나면
영어 발음이 한결 부드러워지고 말의 속도도 빨라진다. 연음현상
은 영어의 유창성 Fluency 을 높이는 윤활유 역할을 한다.

Please **stop it!** 그만 하세요!

The building is **in need of** urgent safeguarding,
이 건물은 긴급보호가 필요합니다.

플랩현상

끝 자음으로 d 또는 t가 나오면서 연음이 일어나면 [ㄹ]로 유음화되며, 강모음과 약모음 사이에 위치하면서 연음이 일어나면 연음현상과 함께 플랩현상이 발생하면서 끝 자음 [d] 또는 [t]가 [ㄹ]로 유음화된다.

We wish you **a lot of** luck! 행운을 빌어!

NOTE 연음/플랩현상 연습하기!

1. Let's **keep in touch**!
   계속 연락하고 지내자!

2. Don't forget to **lock it up**!
   잠그고 나오는 거 잊지 마!

3. Don't **try to get on** a moving train.
   움직이는 열차에 타려고 하지 마세요.

4. I work **at a** restaurant.
   저는 식당에서 일합니다.

5. Are you **ready to** go?
   갈 준비 됐나요?

6. We **had a** pleasant time in Seoul.
   우리는 서울에서 즐거운 시간을 보냈습니다.

7. Do you prefer **noodles**?
   국수 좋아하세요?

8. Could you **wrap it up**, please?
   포장 가능한가요?

대명사 · 부사의 첫 자음 탈락현상

대명사는 사람, 사물, 장소나 방향을 직접 가리키는 역할을 한다. 명사가 처음에 언급된 후에는 그 명칭을 계속 반복하지 않고 대명사로 받아서 말하기 때문에 대명사의 발음은 자연히 약화되거나 탈락되어 발음된다. 즉, him, her와 같이 h로 시작하는 대명사, have와 같이 h로 시작하는 조동사와 부사의 첫 [h]음은 탈락되며, th-로 시작하는 them, there과 같은 대명사와 부사의 첫 th[ð]음도 생략된다.

Do you **like him** as just a friend?

너는 그 남자를 친구로서 좋아하는 거니?

I have been working hard to earn your trust.

저는 당신의 신뢰를 얻기 위해 열심히 노력했습니다.

Why do you **need them**?

그(것)들이 왜 필요하니?

특히 [n], [m], [ŋ]과 같은 비음 다음에 th-가 오면 비음의 영향을 받아 th-가 탈락되어 발음된다.

Hang **in there**!

버텨봐!

기능어 Function Word 약화현상

기능어란 문장에서 문법적인 기능을 할 뿐 의미적으로는 중요하지 않은 단어를 의미한다. 관사와 전치사, 접속사, 조동사, 대명사 등이 기능어에 해당하며, 기능어는 문장을 이어주는 역할을 하기 때문에 실제로 발음을 할 때는 약화되어 발음된다. 즉, 우리가 알고 있는 발음과는 전혀 다른 발음이 되며 강세를 받지 못한다.

It is an honor to meet you.

당신을 만나 뵙게 되어 영광입니다.

Antivirus software **can be** a powerful tool to detect computer viruses.

바이러스검사 소프트웨어는 컴퓨터 바이러스를 발견하는 강력한 도구이다.

NOTE 문장 안에서 약화되어 발음되는 기능어(Function Word)

기능어				
관사	the	접속사	and	
	a/an		or	
전치사	from	조동사	can	
	in		have	
	of		will	

〈 영어 스피치 – 말하자! 〉

스피치의 구성요소는 크게 언어적인 요소와 비언어적인 요소로 나눌 수 있다. 언어적인 요소는 커뮤니케이션의 주요 요소이자 수단이다. 비언어적인 요소는 전달하고자 하는 내용인 발표내용(콘텐츠)과 시선처리, 몸의 움직임, 자세 등을 의미하는 신체언어, 목소리 톤, 발음, 발성, 말투, 음량, 속도 등의 음성요소와 이미지파워(발표자), 시작자료(동영상, ppt 등)로 이루어진 시각적인 요소로 구성된다. 스피치를 잘 하기 위해서는 언어적인 능력과 비언어적인 능력이 조화를 이루어야 한다.

영어 스피치를 잘 하기 위해서는 언어적인 요소에 해당하는 탄력적인 영어실력을 갖추어야 한다. 탄력적인 영어실력이란 원어민과 같은 발음을 의미하는 것인가? 아니다! 영어의 탄력성과 유창함은 발음에서 나오는 것이 아니라 바로 강세와 억양에서 나오는 것이다!

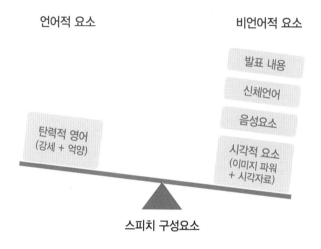

언어적 요소   비언어적 요소

발표 내용

신체언어

음성요소

탄력적 영어
(강세 + 억양)

시각적 요소
(이미지 파워
+ 시각자료)

스피치 구성요소

전략 2

Speaking – 말하기

영어 능력이 우수하다고 하여 영어 스피치를 잘 하는 것은 아니다. 스피치란 단순히 대중 앞에서 나의 의사를 전달하는 일방적인 행위가 아니라, 청중과 소통하는 쌍방향 커뮤니케이션이다. 청중과 함께 호흡하기 위해서는 스피치 전략이 있어야 하며, 특히 영어 스피치에서는 영어의 성격을 잘 이해하고 있어야 한다.

앞서 청취파트에서 살펴보았듯이, 실제 대화나 스피치의 문장 속에서는 영어 발음기호 그대로 발음되지 않는 경우가 대부분이다. 영어에는 강세가 있으므로 강세를 받는 단어는 대부분 발음 기호 그대로 혹은 비슷하게 발음되지만, 그렇지 못한 단어는 문장 속에서 그 음이 약화되거나 축약되어 발음된다.

1) 탄력 있게 말하자

우스갯소리로 우유 Milk를 영어로 '밀크'가 아닌 '미역'이라고 말하면 된다는 말을 한다. 우리가 생각하는 그 영어의 '유창함 Fluency'은 반드시 버터 발음인 'r'이나 'l'를 굴려서 소리 내야지만 나오는 것은 아니다. 유창함은 발음에서 나오는 것이 아니라 강세 Stress와 억양 Intonation에서 나온다.

강세 Stress

한국어는 문장의 종결어미를 제외하고는 억양이나 강세가 없다. 한국어가 모국어인 사람들에게 있어서 영어나 중국어와 같이 억양과 강세가 들어간 언어를 학습하는 데는 어려움이 있다. 그러나 영어를 탄력성이 강한 고무줄이라고 가정하고, 한 부분을 쭉 당겨보자. 분명히 힘이 들어간 부분은 솟아있고, 그 주변은 상대적으로 낮은 위치에 있을 것이다.

단어도 이와 마찬가지다. 강세가 들어간 곳에 힘 Stress을 주었으니 주변은 발음이 약화된다. 강세가 들어간 발음은 다른 소리보다 크고, 길고, 정확한 음가 Clear Vowel 로 발음되며, 강세가 들어간 모음 앞의 자음은 약화된 소리로 발음된다.

예 Curtain [kɜːrtn]/[커r은]

'u'에 강세가 들어가므로 'cur'이 강하고 길게 발음되는 반면, 'tain'에서 't'소리는 정확하게 발음되지 않고 약화된 소리인 [은]으로 발음된다.

단어 강세 연습은 우리말 중 외래어를 이용하여 연습하면 이해가 더욱 빠를 것이다.

자주 사용하는 외래어

외래어	우리말 발음	영어식 발음/강세
allergy	알레르기	[ælərdʒi]
marathon	마라톤	[mærəθɑːn]
terrace	테라스	[terəs]
designer	디자이너	[dɪzaɪnə(r)]
treadmill	트레드밀(러닝머신)	[tredmɪl]

억양 Intonation

영어에는 자신의 의견과 감정을 정확하게 표현하기 위해 억양이 존재한다. 영어는 리듬감이 있는 언어이다. 실제로 음악을 좋아하는 사람들은 영어 학습의 습득력도 빠른 편이다. 중요한 단어는 강하고 분명하게 발음되는 반면, 그 외의 단어는 들리지 않을 정도로 작은 소리로 발음되거나 비교적 빠르게 지나간다.

아래의 문장에서 내용어 Content Word 와 기능어 Function Word 를 구분하여 보자. 어떤 단어들이 강하게 발음될까?

Tens of thousands of English teachers across the country are in danger of losing their jobs as the government is set to ban English education for children from preschool to second grade.

정부가 유치원부터 초등학교 2학년 학생들의 영어교육을 금지함에 따라 수많은 영어교사들이 그들의 직업을 잃게 될 위기에 놓였다.

내용어 ›› English teachers ›› losing their jobs ›› government • ban English education • children • preschool • second grade

내용어는 기능어에 비하여 강하고 길게 발음된다. 이 원리를 잘 이해했다면 영어 청취를 할 때도 모든 단어를 듣지 않아도 충분히 의미 파악이 가능하다. 즉, 내용어만 놓치지 않는다면 전체 문장의 의미를 무리 없이 파악할 수 있다.

영어 스피킹을 할 때도 마찬가지로, 내용어를 중심으로 강하고 길게 발음하면 영어의 탄력성이 생겨서 영어를 유창하게 말할 수 있으며 설득력 있고 감동적인 영어 스피치를 할 수 있다.

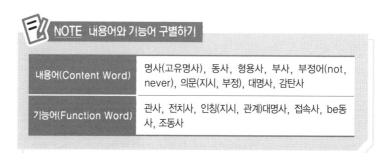

NOTE 내용어와 기능어 구별하기	
내용어(Content Word)	명사(고유명사), 동사, 형용사, 부사, 부정어(not, never), 의문(지시, 부정), 대명사, 감탄사
기능어(Function Word)	관사, 전치사, 인칭(지시, 관계)대명사, 접속사, be동사, 조동사

2) 소통능력을 기르자

커뮤니케이션이란 상대에게 내가 생각하는 것을 효과적으로 전달하기 위한 과정을 의미하며, 이를 의사소통이라고도 한다.

소통을 잘하는 사람들의 특징은 무엇일까? 소통능력이 뛰어난 사람들은 공감능력이 뛰어난 사람들이다. 소통능력의 구성요소는 스피치 구성요소와 마찬가지로 언어적인 요소와 비언어적인 요소로 구분된다. 언어적인 요소는 언어구사력으로 이루어지며, 비언어적인 요소는 공감능력, 표현력 및 상황통제력으로 이루어진다.

그렇다면, 영어로 소통을 잘하기 위해서는 어떻게 해야 하는가?

영어커뮤니케이션 구성요소

상위 요소	하위 요소	역할	내용
언어적 요소	언어 구사력	정확한 메시지 전달	영어 듣기 능력 탄력적 영어 말하기 능력
	스피킹 스킬	자신과 타인의 감정 평가 효과적인 표현 가능	– 긍정적 말하기 – 청유형 말하기 – 완곡한 언어와 완충언어
비언어적 요소	공감능력	청중의 마음을 여는 문	다문화 이해도 상황 이해력 역지사지(易地思之)의 자세
	표현력	청중의 집중력 상승 의사전달의 효율성 상승	손의 언어 표정, 눈빛, 아이컨택 전달력
	상황통제력	숙련된 발표자의 이미지	시간 통제 돌발상황 대비

언어적인 요소

언어구사력은 노력의 대가로 주어지는 것이다. "어떻게 하면 영어를 잘할 수 있어요?" 영어 공부 좀 해본 사람이라면 이 질문이 얼마나 무의미한 질문인지 알 것이다. 영어공부를 하라. 하루에 단 10분이라도 외국어 공부에 시간을 투자한다면 영어 실력은 저절로 향상된다. 영어실력은 노력과 습관의 결과물이며, 투자한 시간과 비례한다.

그러나 무작정 듣고, 무작정 말한다고 해서 투자한 시간만큼 실력이 상승하지는 않는다. 영어 발음의 원리 이해, 쉐도잉 연습, 내용어를 중심으로 한 영어의 강세와 억양 연습이 선행되어야 말하기와 듣기 실력이 함께 향상되는 것이다.

스피킹 스킬은 연습이 필요하다. 스피치는 혼자 말하는 것이 아니라 청중과의 소통을 하고자 하는 것이기 때문에 청중의 기분과 감정을 공감하는 것이 중요하다.

▶▶ 긍정적 말하기

부정적인 말하기는 듣는 사람으로 하여금 불쾌감을 느끼게 할 수 있으며, 상황에 따라서는 반감을 일으키기도 한다.

You can't smoke here(×)

여기서 담배 피우시면 안 됩니다.

There's a designated smoke area outside of the building.(○)

건물 바깥에 흡연실이 마련되어 있습니다.

▶▶ 청유형 말하기

명령적인 표현은 듣는 사람으로 하여금 거부감을 불러일으킬 수 있으므로, 상대방의 의견을 구하는 표현을 사용하는 것이 바람직하다.

You can't use your phone during the lecture.(×)

강연 중에는 핸드폰을 사용하시면 안 됩니다.

Would you please turn off your phone during the lecture?(○)

강연 중에는 핸드폰의 전원을 꺼주시겠습니까?

▶▶ 완곡한 언어와 완충언어

부드러운 대화를 이끌어 나가기 위해서는 직설적이고 강압적인 표현보다는 완곡한 언어와 표현을 사용하는 것이 좋다. 특히 상대방에게 부탁이나 권유를 해야 하는 상황에서는 완충언어를 사용하여 상대방의 기분이 나빠지는 것을 최소화할 수 있다.

You can't do it that way.(×)

그렇게 하시면 안 됩니다.

Why don't you try this way?(○)

그렇게 하는 것보다 이렇게 하면 어떨까요?

Excuse me, …, I know you are busy, ….

실례합니다만, 바쁘시겠지만,

비언어적인 요소

공감능력은 청중의 마음을 여는 문이자 열쇠이다. 공감력을 기르기 위해서는 다문화에 대한 이해가 선행되어야 한다. 다양한 문화에 대한 이해와 지식이 타문화권의 사람들과의 만남에서 중요한 가교역할을 하기 때문이다. 다른 문화권 사람의 행동과 표현이 우리와 다르다고 하여 '저 사람은 왜 저럴까?'라고 하기보다는, '아, 저 나라사람은 이런 식으로 표현하고 생각하나보다~.' 하고 열린 마음으로 받아들이면 된다.

나라마다 표현의 방식이 다를 뿐, 모든 인간은 감정을 가진 사회적 동물이다. 남과 다름을 인정하고 넓은 마음을 가지려고 노력해 보자.

표현력은 청중의 집중력과 의사전달의 효율성을 상승시키는 역할을 한다. 표현력은 타고 나는 것인가? 처음부터 오버액션의 끼를 지니고 태어나는 사람은 없다. 원어민의 억양과 제스처, 눈빛 등 모든 것을 모방해라. 그 과장된 행동은 능숙한 영어와 함께 자연스럽게 나올 것이다. 영어만 공부하는 것이 아니라 그 문화를 함께 공부해야 한다. 영화, 드라마와 시트콤을 보며 영어공부를 하는 것은 언어와 문화를 동시에 습득할 수 있는 좋은 방법이다. 스피치 도중 적절한 손동작과 몸동작을 사용하는 것은 청중의 주의를 환기시키는 역할을 하며, 발표자에게는 많은 쉼표 Pause와 생각할 시간을 준다.

상황통제력은 청중에게 발표자가 숙련된 발표자라는 인상을 심어주는 역할을 한다. 대중 앞에서 발표경험이 없는 사람이라도 충분히 미리 준비할 수 있는 것이다. 발표를 할 예정이라면 미리 그곳에 도착하여 무대 위에 서 보자. 그리고 머릿속에 그려보자. 청중과 스크린 등의 위치를 파악하고 내가 어떻게 발표를 진행할지 시나리오를 구성해 보자.

3) 메라비언의 법칙 The Law of Mehrabian

청중에게 나의 메시지를 정확하게 전달할 수 있는 방법은 무엇일까? 영어를 잘 하면 청중을 홀리는 마법과 같은 스피치를 할 수 있을까? 놀랍게도 우리가 메시지를 전달할 때 가장 큰 영향을 주

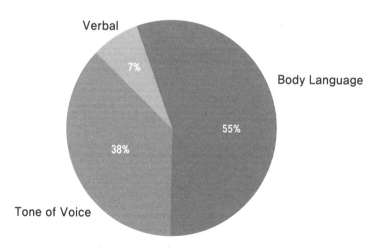

메라비언의 법칙(The Law of Mehrabian)

는 요소는 목소리와 비언어적 요소인 바디랭귀지 Body Language 다.

미국 캘리포니아주립대학 UCLA의 알버트 메라비안 Albert Mehrabian 교수의 학설인 메라비언의 법칙에 따르면 사람이 메시지를 전달할 때 내용 자체가 갖는 비중은 7%밖에 되지 않는 반면, 그 사람의 목소리가 차지하는 비중은 38%을 차지한다. 즉, 내용보다는 목소리와 바디랭귀지가 갖는 역할이 더 중요하다는 것이다.

영어로 커뮤니케이션을 할 때도 마찬가지다. 특히 영미권에서는 의사를 표현할 때 제스처를 많이 사용한다. 손과 팔, 어깨를 이용하거나 얼굴 표정을 과장되게 표현하기도 한다. 외국어를 잘 하고 싶다면 배우고자 하는 나라의 원어민들의 문화와 풍습 등을 이해하고 흡수해야 한다.

많은 유학생들이 영어를 배우기 위하여 영어권 English-Speaking 국가에 가지만, 기대만큼 영어 능숙도가 향상되어 오지 않는다. 영어를 잘 하고 싶다면 그 나라의 문화를 이해하고 모방해야 한다. 유창함은 문화의 습득 및 이해과정 후에 따라오는 것이다.

영어 드라마나 시트콤으로 영어공부를 하는 것이 효과적인 이유도 바로 문화를 자연스럽게 이해하고 습득할 수 있기 때문이다. 시트콤, 영화, 드라마 등을 보고 들으면서 언어의 억양, 표정과 제스처까지 모든 것을 따라 해 보자. 영어 커뮤니케이션 능력은 저절로 만들어지는 것이 아니다.

효과적인 바디랭귀지 사용법

▶▶ 얼굴표정을 다양하게 하라

감성적인 내용을 전달할 때에는 그에 맞는 얼굴표정을 청중들에게 보여주어야 한다. 정말 화가 났었던 상황을 설명할 때는 화난 표정을 짓고, 행복했었던 일을 이야기할 때는 행복한 얼굴 표정을 지어보이도록 한다. 적절한 얼굴표정의 사용은 화자가 발표자의 내용을 진정성 있게 받아들여 강연에 몰입하게 하는 효과가 있다.

▶▶ 적절한 손동작과 몸동작을 사용하라

손과 몸을 일부러 움직이면 발표자가 다소 산만해 보일 수 있다. 발표내용을 전달하며 그 의미에 맞게 사용해야 청중들의 몰입도가 깊어진다. 강조하는 부분에서 청중에게 가까운 거리로 한 발짝 이동하면 청중들과의 거리가 좁아지며 집중도가 높아지는 효과가 있다. 청중에게 의견을 구하고 경청을 한 후 동의를 표현할 때는 온몸으로 맞장구를 쳐보자! 집중도도 높아질 뿐만 아니라 청중들의 호응도가 높아질 것이다.

영어로 말하기는 대중 앞에서 하는 스피치만 해당하는 것은 아니다. 영어로 인터뷰를 할 때도 마찬가지이다. 준비한 내용을 열심히 연습하여 외워도 막상 상대방의 시선을 보게 되면 발표자는 시선을 어디에 둘지 몰라 머릿속은 하얗게 변하게 된다. 특히 상대방의 눈빛이 움직이게 되면 그에 따라 불안함과 초초함이 배가되기 마련이다. 바디랭귀지를 스피치 도중 적절히 효과적으로 사용하고자 한다면 거울을 보며 연습하는 것이 가장 좋은 방법이다.

Practice! Practice! Practice makes perfect!

NOTE 청중을 내편으로 만들기

청중에게 나의 주장을 설득시키고 싶다면 메시지뿐만 아니라, 말투, 얼굴표정, 태도와 같은 바디랭귀지를 효과적으로 사용해야 한다. 상대방을 설득시키고자 할 때 가장 중요한 것은 전달하고자 하는 내용에 대해 완벽하게 숙지하는 것이다.

4) 논리적으로 말하자

영어는 논리적인 언어다. 법칙과 문장의 구조를 중요시하기 때문에 '논리어'라고 부르기도 한다. 한국어는 문법을 정확하게 따르지 않고 말해도 상대방과의 충분한 의사소통이 가능하다. 예를 들어 친구가 나에게 "밥 먹었니?"라고 물었다. 이 말을 이해하지 못하는 사람은 없을 것이다. 그러나 영어로 이 문장을 만들고자 한다면 이 문장의 주어는 누구이며, 목적어는 무엇인가?

영어로 말을 할 때는 주어, 동사, 목적어가 갖춰진 구조의 문장으로 말을 해야 의사 전달이 가능하다. 즉, 영어로 나의 의견을 전달해야 할 때는 영어의 특성인 논리성을 꼭 기억해야 한다.

한국어는 화자와 청자가 현재 상황에 대하여 공감대가 형성되어 있다면 논리적인 구조가 아니더라도 정황으로 파악하여 청자가 알아듣고 이해할 수 있다. 그러나 영어는 문맥의 구조뿐 아니라 말의 흐름에 있어서도 함축적이기보다는 논리적인 구조로 자신의 요지를 상대방에게 전달해야 한다.

AREA 법칙

논리적인 말하기로 상대방을 설득시키는 방법은 간단한다.

첫째, 핵심을 말한다(**주장** – **A**ssertion).

둘째, 주장의 근거를 설명한다(**이유** – **R**easoning).

셋째, 주장의 근거에 관한 증거나 실례를 제시한다

    (**증거** – **E**vidence).

마지막으로, 다시 한 번 나의 주장을 말한다(**주장** – **A**ssertion).

논리적 말하기

Point 요점
컨벤션 개최지를 선정할 때는 접근성이 우선 순위가 되어야 합니다.

Reason 이유
접근성이 좋으면 참석자 수가 증가하니까요.

Example 사례/근거
실제로, 지하철과 연결되는 행사장에서 개최되는 행사의 입장권은 항상 매진입니다.

Point 요점
그래서 컨벤션(행사)은 접근성이 좋은 곳에서 개최되어야 합니다.

3

〈 　 영어 프레젠테이션 – 보여주자! 　 〉

　대중 앞에서 스피치를 할 때 고민해야 할 중요한 요소 중 하나는 '어떻게 하면 청중을 나에게 집중시킬 수 있을까?'이다. 말도 잘하고, 목소리도 좋고, 내용도 훌륭하나 청중이 지루해 한다면 훌륭한 스피치라고 볼 수 없다. 성공적인 영어커뮤니케이션의 세 번째 전략은 시각적인 자료를 활용하여 청중을 매료시키는 방법, 즉 Showing이다.

전략 3　　　　　　　　　Showing – **보여주기**

　시각적 자료 Visual Aids 는 효과적이고 설득력 있는 발표를 위한 필수적인 도구이다. 그 중 프레젠테이션(PT)은 정보를 전달하고 청중을 설득하기 위해 사용하는 대표적인 도구이다. 칠판의 필기, 포스터, 비디오 등의 도구도 있지만, 스피치의 전달력을 높이기 위하여 파워포인트 PPT, 프레지 Prezi와 동영상 등의 다양한 매체를 활용하기도 한다.

국제회의 유치, 제품의 론칭 등 프레젠테이션을 하는 목적에 따라 청중에 대한 분석과 내용의 구성 등이 달라진다. 짧은 시간 안에 청중의 마음을 움직이기 위해서는 사전에 기획된 치밀한 전략이 필요하다.

1) 프레젠테이션의 구성

설득력 있는 스피치를 하기 위해서는 반복이 중요하다. 일반적으로 사람들은 이야기를 들은 후 10분이 경과하면 들은 내용의 50%만 기억한다. 특히 상대방의 이야기를 들을 때 경청이 어려운 이유는 일반적으로 사람들은 다른 사람의 이야기를 들을 때, 자신과 비교하거나 판단을 내리느라 발표자의 내용에 전적으로 집중하기 어렵기 때문이다. 이러한 이유로 발표자가 확실한 메시지를 전달하기 위해서는 반복이 중요하다.

스피치의 핵심구성

Tell them, what you are going to tell them,	내가 (청중들에게) 어떤 메시지를 전달할지 말한다.
Tell them,	전달하고자 하는 메시지를 말한다.
Tell them what you have told them.	내 메시지가 무엇이었는지 말한다.

프레젠테이션은 크게 3개의 파트로 나눈다.

서론 Introduction, 본론 Body, 결론 Conclusion

서론 Introduction | 첫 인상 결정하기

프레젠테이션에서 가장 중요한 파트다. 발표자의 첫 인상이 결정

역할	사용할 문구
이목 끌기 (Attention getter) Welcoming your audience	• Good morning, ladies and gentlemen • Good afternoon, everybody
주제 소개하기 Introducing your subject	• Today, I am going to talk about⋯. • The purpose/aim of my presentation is to introduce⋯.
발표 구성 안내하기 (Signposting) Outlining your structure	• To start with⋯ Then I'll mention⋯. After that I'll⋯. Finally, I'll summarize my presentation. • I'll start by describing⋯. Then I'll move on to⋯. Last but not least⋯.
질문은 어떻게? Giving instructions about questions	• Please feel free to interrupt me if you have any questions. • I'll try to answer all of your questions after the presentation.

되는 순간이며, 청중들은 이 발표가 나에게 유용한지 여부를 판단한 후, 이 강연을 집중하여 들을 것인가, 말 것인가를 결정하는 순간이기 때문이다.

본론 Body | 청중과 호흡하기

본론이 이 프레젠테이션의 '핵심'이다. 발표자는 청중들에게 잘 준비되고 Well-Prepared, 잘 정리된 Well-Organized 발표자라는 인상을 주며 청중들과 함께 가야 한다.

청중과 호흡하는 10가지 방법

1. 서두르지 말라(Do not hurry).
2. 열정적으로 전달하라(Be enthusiastic).
3. 시각적인 것에 시간을 할애하라(Give time on visual aids).
4. 눈맞춤을 유지하라(Maintain eye contact).
5. 목소리를 조절하라(Modulate your voice).
6. 친근감 있게 다가가라(Look friendly).
7. 계획한 구성에서 이탈하지 말라(Keep to your structure).
8. 노트를 활용하라(Use your notes).
9. 길잡이 역힐을 하라(Signpost throughout).
10. 어려운 문제에도 공손한 태도를 유지하라
    (Remain polite when dealing with difficult questions).

결론 Conclusion | 기억에 남기기

발표의 핵심을 전달할 수 있는 마지막 기회다. 앞선 구성에서 계획된 대로 되지 않았다 하더라도 실망할 필요가 전혀 없다. 실제로 청중들의 기억 속에 남는 것은 서론, 본론이 아닌 '결론'이다.

역할	사용할 문구
마무리 Summing up	• To conclude⋯. • In conclusion⋯. • Now, to sum up⋯. • So let me summarize/recap what I've said • Finally, may I remind you of some of the main points we've considered.
제안하기 Giving recommendations	• In conclusion, my recommendations are⋯. • I therefore suggest/propose/recommend the following strategy.
감사 표현하기 Thanking your audience	• Many thanks for your attention. • May I thank you all for being such an attentive audience.
질문 받기(Q&A) Inviting questions	• Are there any final questions? • Now I'll try to answer any questions you may have.

2) 매력적인 프레젠터로 거듭나기

강연이나 발표를 단 한 번도 들어보지 않은 사람은 없을 것이다. 역지사지 易地思之의 자세로 도전하라. 다른 사람의 발표를 들으면서 아쉬웠던 부분을 체크하고 스스로 나의 발표스킬을 점검해 보자. 부족함을 채우기 위한 프레젠테이션 스킬에는 무엇이 있을까?

6가지 노하우 Know-How

영어커뮤니케이션 구성요소를 철저히 학습하고 연습하면 준비된 훌륭한 프레젠터가 될 수 있다. 그런데 훌륭한 프레젠터와 매력적인 프레젠터는 어떤 차이가 있을까? 매력적인 프레젠터는 청중들에게 진정성과 호소력을 바탕으로 다가가 감동을 주는 발표자를 의미한다. 노련미를 살짝 가미하기 위한 매력적인 프레젠터가 되기 위한 노하우 몇 가지를 살펴보도록 하자.

▶▶ 은밀한 미소 a private grin 와 함께 시작하라!

은밀한 미소는 억지로 만들어지지 않는다. 어이없고 웃긴 상황을 머릿속에 상상하며 웃음을 지어보자. 이때 발표자가 머금고 있는 미소는 발표자에게는 긴장감을 덜어주는 효과가 있으며, 청중들에게는 호기심을 자극하고 발표자가 숙련된 프레젠터라는 인상을 주게 된다.

▶▶ 아이컨택 Eye Contact 을 한 후 발표를 시작하라!

시선의 고정은 오프닝일 때 사용할수록 더욱 효과적이다. 발표자의 시선이 청중의 한 사람에게 머무는 순간 다른 사람들은 발표자와의 교감을 느끼게 된다. 이때 시선이 머무르는 시간을 2~3초 정도 두며, 눈을 맞춘 상태에서 말의 구절이나 단어를 끝맺음하는 것이 청중을 흡수하는 방법이다.

▶▶ Filler Sounds에 주의하자!

청중 앞에 서면 누구나 긴장하기 마련이다. 준비했던 멘트는 생각나지 않고, 준비해온 노트는 긴장하여 읽히지도 않는다. 이때 you know, like, Um……, Yeah 등의 계속된 표현은 청중을 짜증나게 만든다. 아무리 영어를 술술 내뱉는다 하여도, 문장이 끝날 때마다 Um……을 연속해서 쓴다면 청중은 집중력을 잃게 된다. Filler Sounds를 고치는 방법은 자신의 발표를 녹음하여 직접 들어보는 것이다. 자신의 발표를 직접 들어본다면 문제점과 개선점은 스스로 찾아낼 수 있다.

▶▶ 침묵 Pause 을 이용하라!

Filler Sounds를 해결하는 한 가지 방법 중의 하나는 바로 침묵을 이용하는 것이다. You know, uh를 사용하는 그 순간에 차라리 침묵을 흐르게 하여라. 침묵은 오히려 청중들을 집중하게 만들며, 발표자가 방금 한 말을 청중들의 기억 속에 입력시키는 역할을 한다. 그러나 1, 2, 3초를 넘기면 안 된다. 3초가 넘어가는 순간 청중들은 그 침묵을 발표자의 긴장감으로 느끼게 된다.

▶▶ 발표의 주인공은 발표자가 아닌 청중이다!

발표자가 자신의 이야기를 많이 하면, 청중은 점점 이질감을 느끼며 흥미를 잃게 된다.

When I was growing up, my father gave me this advice.……(×)

제가 어렸을 때, 저희 아버지께서는 저에게 이런 충고를 하셨습니다…….

I don't know what advice your father gave you when you were growing up, but my father said.……(○)

여러분들의 아버지께서는 여러분이 어릴 때 어떤 충고를 하셨는지 모르겠는데요. 저희 아버지께서는 저에게 이런 말씀을 하셨습니다…….

청중을 프레젠테이션의 화자로 끌어들이는 것이 중요하다. 발표자의 질문을 듣게 된 청중은 발표자가 던지는 메시지에 자신의 감정을 이입하여 생각하게 되고, 발표에 대한 공감과 몰입으로 이어질 것이다.

▶▶ 적절한 움직임과 올바른 자세는 기본이다.

곧은 자세가 발표자의 첫 인상을 좌우한다. 발표자의 발끝과 어깨가 청중을 향하는 자세로 서있어야 하며, 짝 다리 짚는 것은 금물이다. 발표하는 동안 부동의 자세로 한곳에 계속 서있지 말고, 강조하는 부분이나 청중의 호응이 필요한 부분에서 한 발짝씩 움직이면서 주변을 환기시키면 청중의 집중력을 높일 수 있다.

발표자의 위치와 시선

발표화면과 발표자의 위치는 어디가 좋을까?

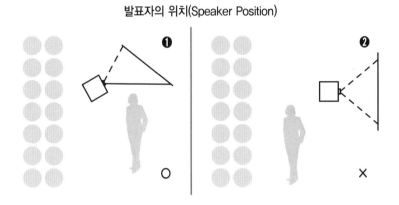

발표자의 위치(Speaker Position)

<그림 ❶>은 스크린이 청중들과 정면이 아닌 45도 각도의 기울기가 생기면서 발표자가 무대의 중앙에 위치한다. 이는 발표자가 이 프레젠테이션의 주인공이 되게 하여 청중의 집중력을 높이게 한다. <그림 ❷>의 경우 청중들의 입장에서는 스크린이 정면에 위치하여 스크린과 발표자가 청중 이목 끌기의 경쟁구도에 놓이게 된다.

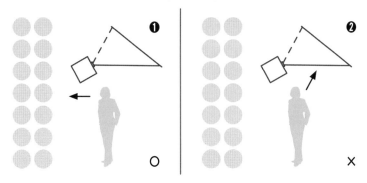

발표자의 시선(Speaker Eye Contact)

스크린과 청중이 45도 각도를 유지하여, 발표자의 눈 맞춤이 청중과 스크린을 향해 골고루 분배되어야 한다. 또한 발표자의 어깨는 청중을 향해 있어야 한다. 왜냐하면 발표자의 어깨가 스크린을 향하면 전달하고자 하는 메시지가 청중이 아닌 스크린을 향해 전달하는 구도가 되기 때문이다.

3) 시각적 보조자료 Visual Aids 활용하기

발표자가 프레젠테이션을 진행할 때 시각적 보조 자료들을 활용하면, 청중의 집중력을 높일 수 있다. 이외에도 객관성, 편리성 등의 여러 가지 이유로 많이 활용되는 효과적인 툴이다. 시각적 보조 자료를 활용하는 이유와 효과적인 사용법은 무엇일까?

시각적 보조자료 활용의 예

올바른 경우(○)	올바르지 못한 이유(×)
청중의 집중력을 높이기 위해	자세한 그래프나 표를 설명하기 위해
전달하는 메시지를 강조하기 위해	청중들과 교감을 최소한으로 하기 위해
흥미를 자극하기 위해	하나 이상의 요지를 보여주기 위해
직접 보여주기 힘든 것들을 설명하기 위해	간단히 말로 설명할 수 있는 생각을 보여주기 위해

자료의 시각화 Visualized Material

영어를 논리적으로 전달하는 데 자신이 없다면 표나 그래프 등의 시각적 보조 자료를 이용해 보자. 시각적 자료가 나타나면 청중들은 자연스럽게 자료에 시선을 고정시키게 되며 화면에 나타난 통계나 그래프를 해석하는 데 집중하게 될 것이다. 또한 발표자의 발언에 객관성과 공신력을 가미해 주는 역할을 하기도 한다.

KISS Keep it Simple and Short 원칙

전달하고자 하는 메시지는 간결하고 짧게 구성해야 한다. 특히 수치화되어 있는 그래프나 도표 등과 같은 구체적인 증거를 제시하는 것은 발표의 전문성을 높이는 방법이다. 그래프나 표는 발표화면 1장당 1~2개가 적당하다. 청중들은 발표화면이 바뀌는 순간 새롭게 등장한 자료들을 읽고 해석하는 데 3초가량의 시간이 걸린다. 이때 너무 많은 자료들이 주어지면 청중들은 집중력을 잃게 되고 프레젠터의 말에 전적으로 집중하지 못한다. 왜냐하면 청중들은 새로운 화면이 나타났을 때 발표자료를 보며 해석을 하고 판단을 내리느라 프레젠터의 말이 귀에 잘 들어오지 않기 때문이다. 화면을 전환한 후 2초 정도의 환기의 시간을 주는 것이 적당하다.

그래프 활용하기

변화 설명하기

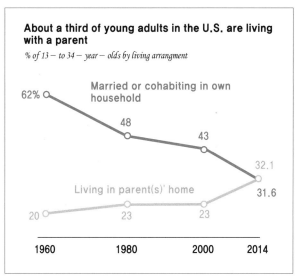

About a third of young adults in the U.S. are living with a parent

% of 13 − to 34 − year − olds by living arrangment

자료출처 : PEW RESEARCH CENTER

▶▶ 상향변동(Upward movement)

to rise/go up/increase/grow 오르다, 상승하다

rocket 치솟다

Our sales are increased last year.

우리의 작년 매출은 증가하였습니다.

to fall/drop/decrease/decline 떨어지다, 줄어들다

collapse 폭락하다

Our company has decreased our costs.

우리 회사는 비용을 줄여왔다.

비슷한 표현 ▶ to remain constant/stable 변동이 없다

▶▶ 단어

cohabit : (동사)동거하다

household : (명사)가정

the share of : (일, 비용 등)의 할당하는 부분, 몫

▶▶ 그래프 설명하기

Young adults who are married or cohabiting in own household are declining.

결혼을 하거나 가정에서 동거하는 젊은이들의 숫자가 감소하고 있습니다.

The share of young adults living in parent(s)' home is increasing.

부모의 집에서 함께 사는 젊은이들의 비율이 증가하고 있습니다.

A larger share of them are living with their parents than with a partner.

상당수의 젊은이들이 그들의 파트너보다는 부모님과 함께 살고 있습니다.

변화의 정도 표현하기

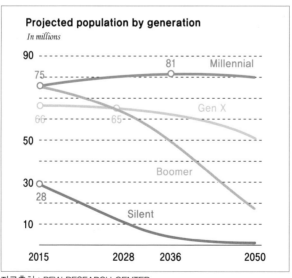

자료출처 : PEW RESEARCH CENTER

dramatically/significantly 상당하게

moderately 적당하게 slightly 미세하게

rapidly 급격하게 suddenly 갑자기

steadily 꾸준히 slowly 천천히

Our sales have fallen considerably.

우리의 매출이 상당히 떨어졌다.

▶▶ 단어

Millennials : 밀레니얼 세대 1980년대에서 2000년대 사이에 태어난 세대

Baby Boomers : 베이비부머 1946년부터 1964년 사이에 태어난 세대

Generation X : 엑스(X)세대 1960년대 초에서 1970년대 중반에 태어난 세대

surpassed : 추월하다, 뛰어넘다

is projected to~ : ~할 것으로 예상되다

▶▶ 그래프 설명하기

Millennials have surpassed Baby Boomers as the
nation's largest living generation.

밀레니얼 세대가 국가(미국)의 인구비중이 가장 높은 베이
비부머 세대를 추월하였습니다.

Generation X is projected to pass the Boomers in population by 2028.

X세대가 2028년에 베이비부머세대의 인구수를 넘길 것으로 예상됩니다.

프레젠테이션 준비과정(How to prepare a presentation)

① 주제 선택(Choose a Topic)

② 구체적인 목표 설정하기
(Determine the Specific Purpose)

③ 청중 분석하기
(Analyze the Audience)

④ 정보수집
(Gather Information)

⑤ 시각자료 준비하기
(Prepare Visual Aids)

⑥ 발표 정리하기
(Organize the Speech)

⑦ 발표하기
(Delivering the Speech)

4) 프레젠테이션 정복하기

　설득력 있는 프레젠테이션을 준비하기 위하여 몇 가지의 단계가 필요하다. 청중들 앞에 선다는 긴장감에 '무엇을 말하지?'라는 고민으로 먼저 시작하지 말자. 프레젠테이션은 그냥 '말하기'가 아닌 철저하게 계획되고 준비된 종합예술이기 때문이다.

　무대 위에서 펼쳐질 종합예술을 치밀하게 잘 기획한다면 내용을 채우는 것은 시간문제다. 논리적으로 구성된 틀을 짠 후 내용을 채워보자. 발표는 이 준비과정을 통하여 채화된 나의 지식과 발표자가 전달하고자 하는 말로 청중을 설득하는 것이며, 진정성은 청중과 교감을 상승시키는 열쇠이다.

청중을 공부하라!

　스피치를 하는 이유와 목적이 다양하기 때문에 위에서 언급한 일련의 과정과 순서를 반드시 지켜야 하는 것은 아니다. 그러나 모든 발표에서 가장 중요한 것은 청중에 대한 이해이다.

　청중의 마음을 사로잡는 스피치를 하기 위해서는 진정성이 있는 내용으로 청중들과 공감해야 한다. 청중들과의 소통을 통한 공감력을 높이기 위해서는 발표자료를 기획하기 전 청중에 대한 이해가 선행되어야 한다.

① 청중이 나를 통하여 얻고자 하는 것이 무엇인가?

② 그들은 누구인가?

③ 우리(발표자 - 청중)는 왜 이곳에 있는가?

④ 그들(청중)이 고려해야 할 것들은 무엇인가?

⑤ 발표자는 어떠한 방식으로 메시지를 전달해야 하는가?

간단해 보이지만 앞의 5가지의 질문에 충분히 대답할 수 있는 스피치를 구성하였다면 청중들과의 교감과 소통은 잘 이루어질 것이다. 즉, 설득력 있고, 상대방의 마음을 움직일 수 있는 스피치는 발표자의 이야기를 전달하는 것이 아니라 청중들과 공감하고 소통하는 것이다.

프레젠테이션 평가 Evaluation

영어커뮤니케이션을 잘 하기 위한 스킬을 습득했다 하여 커뮤니케이션의 달인이 되는 것은 아니다. 철저하게 준비하고 치열하게 연습해야 한다. 발표하는 자신의 모습을 녹화하여 스스로 피드백을 주는 것도 하나의 방법이겠지만, 같은 목적을 가진 사람들과 팀을 구성하여 서로 평가해 주는 것도 목표 달성을 위한 지름길이다.

프레젠테이션 평가표

[평가등급 기준]

1	2	3	4	5
연습이 필요함.				아주 좋음.

○ 비언어적 요소(목소리와 바디랭귀지)

1	발표자의 목소리가 명확하였는가?	1	2	3	4	5
2	발표자의 목소리 크기가 적당하였는가?	1	2	3	4	5
3	발표자의 자세가 바람직하였는가? (짝 다리, 스크린 & 청중과의 각도 등······)	1	2	3	4	5
4	청중들과의 교감이 이루어졌는가? (시선처리, 손 처리, 아이컨택, 얼굴표정 등······)	1	2	3	4	5

○ 컨텐츠(내용구성과 전달방식)

1	청중들과의 인사가 있었는가?	1	2	3	4	5
2	발표할 주제에 대한 설명이 있었는가?	1	2	3	4	5
3	발표의 구성을 안내하였는가?	1	2	3	4	5
4	질문에 대하여 어떻게 진행될지 안내하였는가?	1	2	3	4	5
5	내용구성이 잘되었는가? 구성된 계획대로 진행되었는가?	1	2	3	4	5
6	결론전달과 마무리를 잘 하였는가?	1	2	3	4	5
7	내용전달시 적절한 예와 설명을 하였는가?	1	2	3	4	5

○ 기타(발표태도와 시각적 보조자료 활용)

1	발표자가 발표내용에 대한 자신감이 있었는가?	1	2	3	4	5
2	발표자가 편안하게 내용을 전달하였는가?	1	2	3	4	5
3	Filer Sounds와 침묵을 적절히 이용하였는가?	1	2	3	4	5
4	보조자료가 발표내용을 잘 뒷받침 하였는가?	1	2	3	4	5
5	시간조절을 잘 하였는가?	1	2	3	4	5

○ 발표의 어떤 점이 좋았는가? 보안해야 할 점이 있다면?